Peter Hahne

Niemals aufgeben!

Mit Werten in Führung bleiben

mediaKern

Weitere Bestseller von Peter Hahne auf www.media-kern.de

Bibliografische Information der Deutschen Nationalbibliothek
Die Deutsche Nationalbibliothek verzeichnet diese Publikation in der Deutschen Nationalbibliografie; detaillierte bibliografische Daten sind im Internet über http://www.dnb.de abrufbar.

ISBN 978-3-8429-1005-8

20. Auflage 2015
Bestell-Nr. 5.121.005

Umschlagbild: picture alliance / BREUEL-BILD
Umschlaggestaltung, Layout, Satz: Ch. Karádi
Gesamtherstellung: Drukarnia Dimograf, Bielsko-Biała, Polen
Printed in the EU 2015

www.media-kern.de

Inhalt

Um was es geht

Als die Eilmeldung am Mittag des 26. März 2015 auf meinen Schreibtisch kam, hatte ich Tränen in den Augen. Gerade hatte ich mit den Gästen meiner Sonntagssendung telefoniert, ganz andere Themen abgesprochen. Doch jetzt bekam alles eine unfassbare Wende und das Anliegen dieses Buches eine dramatische Dimension und Aktualität: Weil einer mit seinem Leben gescheitert ist, riss er 149 andere mit in den Tod. Eine Schulklasse aus dem westfälischen Haltern war darunter. Hätte er (sich) nicht aufgegeben oder wäre er an diesem Tag zu Hause und nicht im Flugzeug gewesen, wie viel Leid wäre anderen erspart geblieben. Der Absturz des Germanwings-Fluges 4U9525 hatte keine technischen, sondern menschliche Ursachen. Selbstmord ist die Sackgasse, die im Scheitern keinerlei Ausweg mehr sieht.

Die Angehörigen der Opfer baten erneut um den Besuch von Notfallseelsorgern. Bezeichnend: In den Stunden, wo das Leid einem den Verstand raubt, ist Glaube gefragt – auch von Menschen, die damit sonst wenig am Hut haben. Wenn dies in einer solchen Extremsituation einziger Rettungsanker ist, sollte es auch im normalen Alltag die Regel werden. Das will dieses Buch bewirken. Und ich denke an Bernhard Vogel, der als Ministerpräsident von Rheinland-Pfalz 1988 bei der Trauerfeier für die 70 Opfer der Luftfahrtschau von Ramstein fragte: »Kann man jetzt noch an Gott glauben?« Und er gab die logische Antwort: »Wenn wir jetzt nicht an Gott glauben, dann endet unsere Hoffnung an unseren Grenzen.« Und wir wissen doch, wie schnell einem Scheitern und Niederlagen die Hoffnung nehmen wollen. Und wie wenig man darauf vorbereitet ist.

In der Internet-Suchmaschine Google wollte ich die Frage eingeben: »Wie wird man mit Scheitern fertig?« Schon nach den ersten drei Worten bietet Google automatisch einen Begriff an: »reich«! Das war also die meistgestellte Frage mit Antworten in Millionenhöhe: »Wie wird man reich?« Reichtum als Top-Thema, nicht die existenzielle Sehnsuchtsfrage, wie ich Scheitern und Niederlagen bewältigen kann. Scheitern bei Prüfung und Klassenarbeit, Knick in der Karriere, Mobbing und Burnout, Liebeskummer, Firmenpleite oder die inzwischen selbst von der SPD-Linken Andrea Nahles beklagte Tatsache, dass die Vereinbarkeits-Ideologie von Familie und Beruf für Frauen in Wahrheit eine Lüge, eine Illusion ist, die vielen Menschen viel Leid gebracht hat – vor allem Kindern.

Schaue ich in einer großen Berliner Buchhandlung in die Ratgeber-Abteilung, so finde ich meterweise Literatur mit Tipps, wie man reich und glücklich werden kann. Da gibt es Anleitungen für Karriere und Erfolg oder die Gesundheit als neuen Religionsersatz, doch kaum ein Buch über Niederlagen und die Konsequenzen daraus. Auch Managerseminare scheuen das Thema, obwohl Scheitern an der Tagesordnung ist. Die Selbstmordrate unter gescheiterten Wirtschaftsführern ist erschreckend, weil niemand so richtig auf Misserfolg vorbereitet ist. Das wird ja auch nirgendwo gelehrt und gelernt, da der Mensch nur noch als Humankapital verrechnet und bei Nicht-Funktionieren abgestoßen wird. »Die Karrieren von heute zeigen alle ein und dieselbe Kurve: rapider anfänglicher Aufstieg, dann die Horizontale, allmählicher Abstieg bis zu den Tiefen des Scheiterns« (Welt am Sonntag).

Mir bestätigte ein Vorstandsmitglied eines der größten Konzerne der Welt, dass die Not so groß ist, dass plötzlich

Christen in den Führungsetagen als Ratgeber gefragt sind, über die man früher eher gespottet hat. Ähnlich war es in der End- und Zerfallszeit der Sowjetunion. In diesem korrupten System bekamen Christen in der Wirtschaft Vertrauens- und Verantwortungspositionen; Christen, die man früher in den Gulags und Arbeitslagern knechtete. Eingefleischte Kommunisten meinten: Denen kann man vertrauen, weil sie das Alkoholproblem und die Selbstbedienungsmentalität für sich gelöst haben, unabhängig sind und in ihren Mitmenschen wertvolle Individuen und kein kollektives Arbeitsmaterial sehen.

Auch wenn aus der Welt dadurch kein Paradies wird, die Bedeutung von Christen im praktischen Alltag wird trotz konkreter ideologischer, meist islamistischer weltweiter Bedrohung und Verfolgung immer größer. Christen, deren Grundbuch-Urkunde einen Namen hat: Bibel. Nur dieses Buch der Weltliteratur hat das Scheitern und Wiederaufstehen, altes und neues Leben zum durchgängigen Thema. Die Bibel macht Gott groß, ohne den Menschen klein zu machen. Nirgends wird der Mensch so realistisch beschrieben, so angefochten, verführbar und fehlbar, so voller Versagen. Kein Wunder, dass immer mehr Leute von heute, Menschen mit beiden Beinen im Leben, die Bibel zum Ratgeber nehmen. »Und siehe da, sie ist wieder in, die alte Bibel, das Powerbuch«, schreibt ein Lifestyle-Magazin. Das Buch der Bücher ist alles andere als ein Heldenepos. Es kann, wenn man es intellektuell redlich betrachtet, kein Märchenbuch sein. Niemand käme freiwillig auf die Idee, seine Helden scheitern statt strahlen zu lassen! Die Bibel tut das Seite für Seite schonungslos.

Gottes Wort ist kein Buch voller Märchen und Legenden,

wo gute Menschen alles richtig machen und zum Schluss den Lohn ihrer eigenen Großartigkeit erhalten und, wenn sie nicht gestorben sind, heute noch leben. In der Bibel heißt es nicht: »Es war einmal …«, sondern: »Es begab sich aber zu der Zeit …« Nicht Geschicht*en,* sondern Geschicht*e*! Gott schreibt Geschichte mit Nullen, mit Versagern, ja sogar mit Verbrechern. Nehmen wir Petrus, aus katholischer Sicht sozusagen der erste Papst. Wer auch immer in Rom auf dem »Stuhl Petri« sitzt, nimmt den Platz eines erbärmlichen Feiglings ein, der seinen Herrn Jesus Christus in dessen entscheidender Lebensphase jämmerlich verleugnete. Er weinte dann bitterlich über sein Versagen, es war nicht das erste Scheitern dieses vorlauten Besserwissers. Und doch macht sein Chef ihn zum Mitarbeiter nicht nur des Monats, sondern einer ganzen Welt- und Kirchengeschichte. Genauso wie die großen Propheten Jeremia und Jesaja oder Moses, den Retter des Volkes Israel und Empfänger der Zehn Gebote. Ganz zu schweigen von Israels großem König David, dessen polizeiliches Führungszeugnis keinen beamtenrechtlichen, geschweige denn monarchischen Eignungstest überstanden hätte.

Nach deren Selbsteinschätzung oder nach ihrer moralischen Qualität waren sie für keine verantwortliche Führungsposition geeignet und befähigt. Doch Gott beruft keine Befähigten, er befähigt Berufene. Das hat sich bis heute nicht geändert! Würden wir das akzeptieren, wir ersparten uns viel Kummer und Leid – im Privaten wie im Job. Wir sind von Gott nicht geliebt, weil wir so wertvoll sind. Wir sind so wertvoll, weil Gott uns liebt – mit all unseren Fehlern und Macken. Gott nimmt uns an, wie wir sind – damit wir nicht so bleiben müssen, wie wir sind.

Von der Macht des Gebetes, der Vergebung und des Neuanfangs nach Niederlagen sprechen in Interviews so erfolgreiche Wirtschaftsführer wie Heinz-Horst und Heinrich Deichmann, Inhaber der größten Schuh-Handelskette Europas, die Unternehmerin Christiane Underberg (»Magenbitter«) oder der Chef der Bundesagentur für Arbeit, Frank-Jürgen Weise, um nur vier zu nennen. Der christliche Glaube als Motivator gegen Resignation und Misswirtschaft, davon schreiben angesehene Wirtschaftsmagazine immer häufiger. Beim Tod des Schuh-Giganten Heinz-Horst Deichmann war das selbst in der Linkspresse ein zentrales Thema jenseits von Spott und Häme.

Die Silvesterausgabe 2014/15 des linksliberalen und kirchenkritischen STERN hatte das Titelthema »Vergebung« mit der Schlussfolgerung: Richtige Vergebung gibt es nur bei Jesus Christus, der sich für unsere Schuld am Kreuz geopfert hat. Man bedenke: im STERN! »Kirchen«leute haben das Kreuz längst abgeschafft, weil es zu blutig und zu grausam sei für die moderne Welt. Hamburgs Ex-Bischöfin Maria Jepsen wollte gar das leidende Kreuz-Symbol durch die liebliche Krippe ersetzen. Auf Kirchtürmen künftig die Krippe? Sankt Absurdistan! Man hätte in der Hafenstadt doch auch einen (fliegenden) Fisch auf die Türme drapieren können, immerhin Erkennungszeichen der Urchristen …

Der Chefredakteur der renommierten Neuen Zürcher Zeitung schreibt: »Nur eines könnte mich zum christlichen Glauben zurückholen; und es ist nicht die Zusicherung eines ewigen Lebens, es ist die Aussicht auf Vergebung. Nichts stelle ich mir schlimmer vor als eine Schuld, die ewig nagt, weil man sie nie wiedergutmachen kann.«

Überraschend, was der Kabarettist und TV-Moderator Harald Schmidt dem FOCUS in der Silvesterausgabe

2014/15 auf die Frage »Brauchen wir Gott noch?« antwortete: »Womit soll ich denn sonst sterben? Außer mit dem, zu dem man singen und beten kann: ›Wenn ich einmal soll scheiden, so scheide nicht von mir.‹ Nietzsche? Hegel? Shakespeare? Nicht schlecht, aber funktionieren die auch am Sarg?« Ja, es stimmt: Wer sich nicht aufgeben will, weder beim Scheitern noch im Sterben, der sollte wenigstens den »Gottes-Test« machen und es mit ihm versuchen, statt sich dauernd durch falsche Ratgeber versuchen zu lassen.

Niemals aufgeben! Das ist kein frommer Wunsch, kein psychologisches Schulterklopfen nach dem Motto: »Es wird schon alles gut, ein Indianer kennt keinen Schmerz, reiß dich zusammen.« Das hilft niemandem, wenn das eigene Scheitern zur Existenzbedrohung wird. Die folgenden Seiten dieses Buches sind ein Angebot, dessen Nachfrage allerdings immer größer wird, je mehr wir menschliche Ratschläge eher als Schläge denn als Rat empfinden.

Die Voraussetzung, im Alltagsleben nicht zu resignieren, ist, im Glauben niemals aufzugeben. Sonst nützen uns Menschen Gottes Tipps herzlich wenig. Dieses Buch will auch zeigen, dass es trotz Scheiterns ein erfolgreiches Leben geben kann. Denn der Mensch ist immer mehr wert als die Summe seiner Leistungen. Selbst Nichtchristen überzeugt das, weil Scheitern ja sonst das Ende bedeutete.

Scheitern ist erlaubt, ist kein Zeichen von Schwäche, deren man sich schämen muss. Das Verdrängen und Verschleiern macht Menschen kaputt, nicht das Eingestehen. Auch hier erweist sich die uralte Bibel als topaktuell! In der Osterausgabe 2015 von FOCUS erklärt Rüdiger Striemer, Vorstand der Adesso AG: »Der Satz ›Scheitern ist keine Option‹ ist das Fatalste überhaupt. Menschen funktionieren nicht zu 100 Prozent. Scheitern nicht einmal als Möglichkeit in Erwägung zu ziehen, ist bereits eine krankhafte Haltung. Wenn ich etwas aus dieser Geschichte gelernt habe, dann das: Scheitern ist sehr wohl eine Option.« Seine Geschichte: Wegen Panikattacken und Depression wies sich der Spitzenmanager mit seinem 18-Stunden-Arbeitstag selber in eine Klinik ein.

Scheitern kann sogar ein Segen sein. Für oberflächliche Denker ein paradoxer Quatsch, für Menschen mit Tiefgang eine echte Perspektive. Mich bewegte tief, als der frühere Finanzjongleur aus dem Münchner Jetset, Josef Müller, der wegen Millionenbetrugs verurteilt wurde, in meiner Sendung sagte: »Ich danke Gott, dass ich ins Gefängnis kam. Sonst hätte ich ihn nie gefunden!« Und Gott finden heißt nach Leo Tolstoi nur eins: Leben! Dazu möchte ich Ihnen Mut machen. Es rührt mich zu Tränen, wenn junge Strafgefangene aus dem christlich geführten »Seehaus«, einem Projekt für Strafvollzug in privater Form, sagen: Man kann diese verlorene Zeit von Kriminalitätskarriere und Strafverbüßung auch als Gewinn betrachten, »weil mein Leben in der Begegnung mit Gott grundsätzlich neu geworden ist«.

Christen haben eine sichere Energiereserve, ein Kapital, das keine Krise vernichten kann: die Kraft Gottes. Die einzige Bedingung: Verbindung zur Quelle. Den Anschluss neu zu suchen, um sein Leben abzusichern, wertvoll zu machen und auf Ewigkeit zu programmieren, dazu will dieses Buch einen Beitrag leisten. Ich selber erlebe, was die Autorin Sibylle Lewitscharoff so beschreibt: »Ich finde zurück in eine Art kindliche Frömmigkeit, weil mir kein anderer Trost übrig bleibt in dieser heutigen leidenden Welt.«

Peter Hahne — Berlin, im April 2015

Ein Stern im Star-Rummel

Vor Jahren fragte mich die Evangelische Nachrichtenagentur idea zu Silvester nach meinem schönsten Jahreserlebnis. Ich brauchte nicht lange zu überlegen, lag es doch erst einige Tage zurück. Eine Geschichte aus einer Talkshow-Redaktion, die mich tief bewegt. Ein Dämpfer gegen Kleinmut und Kleinglauben. Eine schlichte Diakonisse hat im schrillen Star-Rummel etwas bewirkt, was nachwirkt und Kreise zieht. Nennen wir sie Schwester Anna, die sich um gestrandete und gescheiterte Menschen bei uns genauso kümmert wie um kranke Kinder in der Dritten Welt. Die Menschen nachgeht, die aufgeben wollen – bis hin zum Selbstmord. Ich wollte sie in meine Sendung einladen, telefonierte mit ihr und bekam ein mulmiges Gefühl.

Woher sie die Spenden für ihre Arbeit bekomme, wollte ich wissen. Von Jesus! Und was ihre Motivation sei? Natürlich, dass Gott alle Menschen liebt und niemanden aufgibt! Schwester Anna hatte auf alles eine fromme Antwort, immer ein passendes Bibelwort zur Hand, erzählte von der Wirkung intensiven Gebets und der Gemeinschaft, in der sie lebt. Zu fromm für ein weltliches TV-Gespräch, war mein (Vor-)Urteil. Ich bat eine erfahrene Kollegin, sie zu besuchen, sie auf Talkshow-Tauglichkeit zu testen und ein Urteil zu fällen. Sie, die sich mit ironisch-humorvollem Hintersinn »Multikulti-Heidin« nennt, kam zurück und meinte: »Nein, Herr Hahne, das geht wirklich nicht … Für diese Frau ist eine halbe Stunde Sendezeit viel zu wenig.«

Und es sprudelte nur so aus ihr heraus: Die erzählt von Gott, als gäbe es ihn als lebendige Person wirklich und als würde er sie überallhin begleiten. Die rechnet mit ihm wie mit Zahlen und redet von ihrem Glauben wie andere vom letzten Frisörbesuch, ohne dass es je peinlich wird. Während ihres »Test-Besuches« sei eine junge Frau zu Schwester Anna gekommen, deren Freund sie zur Abtreibung zwingt; ein akademischer Trinker, eine gescheiterte Existenz, und eine Dame mit Pelz und Perlen, die sich einsam fühlt in ihrer Wohlstands-Schickeria und am liebsten aufgeben würde. Und für all diese Menschen hatte die gläubige Frau im schwarzen Ordenskleid ein Wort, einen Trost, eine Ermutigung und volle Aufmerksamkeit.

Sie habe, so die Kollegin, in ihrer Berufskarriere schon Hunderte von Gästen »gecastet«, ihnen auf den Zahn gefühlt und sie auf »Echtheit und Talk-Fähigkeit untersucht«, Stars und Sternchen, Politiker und Bischöfe. Doch solch eine Frau sei ihr in all den Jahren noch nie begegnet. Wo andere nur Sprüche klopfen und sich in Selbstdarstellung überbieten, habe sie einen Spruch als roten Faden ihres Lebens: Gott groß machen, indem man sich zu Menschen bückt. Und auf die, die am Boden liegen und aufgeben wollen, nicht auch noch drauf treten, sondern ihnen beim Aufstehen helfen.

Zwei Dinge lerne ich daraus: Wir sollten lauter und lauterer unseren Glauben bekennen und uns »frommer Sprache« nicht schämen. »Wir müssen als Christen identifizierbar sein, egal ob als Arzt oder Politiker, als Studentin oder Hausfrau«, sagte mir einst Karl Carstens im Interview, für mich einer der bedeutendsten unter den Bundespräsidenten, leider einst verdeckt durch Schaumschläger oder Biografie-Beschöniger im höchsten Staatsamt. Zu solch »echten« Menschen gehört für mich Adolf Hägel, eine der prägenden Persönlichkeiten der traditionellen CVJM-Pfingsttagung im winzigen Dorf Bobengrün, zu der alljährlich bis zu 16 000 Jugendliche in den Frankenwald strömen. Erst Anfang 2015 berichtete er mir von bewegenden Erlebnissen in seinem weltweiten beruflichen Engagement als Ingenieur. Ein kühl kalkulierender Techniker, aber glühend wie ein »Backofen voller Liebe für Jesus« (Martin Luther), der in seinem Beruf als Christ identifizierbar und damit ansprechbar ist, dessen Wirken bis in die Spitze der amerikanischen Industrie reicht. Gott gebraucht solche bescheidenen Menschen vielleicht mehr als Fernsehmoderatoren im Rampenlicht. Ich komme später auf ihn zurück.

Bei Schwester Anna lerne ich ein Zweites: Wir sollen nicht meinen, als Christen kämen wir mit frommen Worten beim modernen Menschen nicht an. Diese falsche Scham ist nackter Kleinglaube. Auch Papst Franziskus spricht von »Lebensevangelisation«, wenn es um Mission geht. Kein Wunder, dass Evangelikale seine besonderen Ansprechpartner sind, ich konnte das persönlich bei einem Besuch im Vatikan im Februar 2015 erleben. Aus dem Vertraulichen nur eins: Die »Ökumene der Glaubenden« hat mehr Zukunft als die von Institutionen mit weltlichen Strukturen. Erstaunlich, dass evangelikale Literatur im Vatikan ebenso präsent ist, wie die Jesus-Bücher von Joseph Ratzinger/Benedikt XVI. unter Pietisten als biblisch zentral hoch gelobt werden. So etwas muss man im Luthertum heute lange suchen! Der Protestantismus muss aufpassen, nicht zur Politreligion zu pervertieren.

Es kommt nicht auf wohlgesetzte Worte von Kanzeln und Kathedern an, die mit Girlanden der Gelehrsamkeit und vollem rhetorischen Register daherkommen. Die fundamentalistische Gesetzlichkeit pseudoprogressiver Theologen, was man heute alles gesellschaftlich zu tun und zu lassen hat, um ein anständiger Christ zu sein, hilft keinem, der am

Boden liegt und gescheitert ist. Jürgen Klopp, ehemaliger Trainer von Borussia Dortmund, sagte in den dunkelsten Vereinstagen Ende 2014: »Ich bin gerade ein besserer Trainer als zu unseren Erfolgszeiten … Wenn man am Boden liegt, hilft es nicht, wenn andere noch auf einem herumtrampeln.« Führungsqualität zeigt jemand, der aufbaut, statt nachzutreten. Nachhaltige Botschaft ist zum Beispiel nicht nur die Umwelt-, sondern die »Innenwelt«-Verschmutzung. Vergebung ist ein echter Mehrwert, nicht der Vegetarismus aus dem Repertoire der modernen Gesundheitsreligion. Wer längst innerlich abgeschaltet hat und aufgeben will, dem helfen das Kind in der Krippe und der Mann am Kreuz, die gute Nachricht, das Evangelium, die Frohbotschaft.

Den ganzen Jammer unserer Zeit, das programmierte Scheitern einer Ego-Gesellschaft ohne Gott, bringt der weltbekannte US-Komiker und Schauspieler George Carlin, ein echter Star, auf den Punkt: »Das Paradox unserer Zeit ist: Wir haben hohe Gebäude, aber eine niedrige Toleranz; breite Autobahnen, aber enge Ansichten. Wir verbrauchen mehr, aber haben weniger; machen mehr Einkäufe, aber haben weniger Freude. Wir haben größere Häuser, aber kleinere Familien; mehr Bequemlichkeit, aber weniger Zeit; mehr Ausbildung, aber weniger Vernunft; mehr Experten, aber auch mehr Probleme; mehr Medizin, aber weniger Gesundheit. Wir rauchen zu stark, wir trinken zu viel, wir geben verantwortungslos viel aus; wir lachen zu wenig, fahren zu schnell, regen uns zu schnell auf, gehen zu spät schlafen und stehen zu müde auf; wir lesen zu wenig, sehen zu viel fern und beten zu selten. Wir haben die Luft gereinigt, aber die Seelen verschmutzt. Wir haben unseren Besitz vervielfacht, aber unsere Werte reduziert.«

Und dennoch: Niemals aufgeben! Die Nöte und den Jammer abgeben! Sich an die richtige Adresse wenden, um Werte zu finden, mit denen man in Führung bleibt. »Es ist die Zeit, in der es wichtiger ist, etwas im Schaufenster zu haben statt im Laden«, bilanziert George Carlin messerscharf. Meist ist es die Bibel, die irgendwo in der Schublade verstaubt, statt im Leben zu glänzen. Aus dem Lesebuch muss ein Lebensbuch werden.

Doch wie sehr diese uralte Botschaft den modernen Menschen immer noch bewegt, wie groß die Sehnsucht nach erfülltem Leben ist, das auch jenseits von Niederlagen und Scheitern noch lebenswert ist, und was einem zum Aufstehen hilft, dazu zahlreiche Beispiele und überraschende aktuelle Studien auf den folgenden Seiten. Zunächst mute ich Ihnen, liebe Leserin, lieber Leser, erst mal das Grundsätzliche zu. Nur so begreifen wir, warum erfolgreiche Unternehmer und Bankrotteure, glückliche Karrieremenschen und gescheiterte Familienväter, beruflich gemobbte Frauen und die verlorene Generation junger Krimineller in gleicher Tonlage bezeugen können, dass und wie ihnen der Glaube geholfen hat zu einem neuen, sinnvollen Leben.

Glaube im Echtheitstest

Grundsätzlich gilt zunächst, und diesem intellektuellen Anspruch muss man sich stellen: Wenn wir vom christlichen Glauben sprechen, der ein tragendes Lebensfundament ist und Kraft in Niederlagen gibt, so heißt das immer: Es geht um Jesus Christus! »Wie zur Beschämung der gewaltigsten menschlichen Anstrengungen und Leistungen wird hier ein

Kind in den Mittelpunkt der Weltgeschichte gestellt«, sagte der Märtyrer der Nazi-Diktatur Dietrich Bonhoeffer in einer Weihnachtspredigt. Nicht nur zum Fest der vollen Kirchen festgemacht sein an diesem Jesus Christus, darauf kommt es an. Denn wem sonst sollten wir unser Scheitern bringen und wen um Rat fragen, wenn nicht den, der als anständigster unter den Menschen dennoch am Kreuz »gescheitert« ist?!

In der Bibel heißt es aus dem Mund von Jesus in Johannes 15,5–8: »Ich bin der Weinstock, ihr seid die Reben. Wer in mir bleibt und ich in ihm, der bringt viel Frucht; denn ohne mich könnt ihr nichts tun. Wer nicht in mir bleibt, der wird weggeworfen wie eine Rebe und verdorrt, und man sammelt sie und wirft sie ins Feuer und sie müssen brennen. Wenn ihr in mir bleibt und meine Worte in euch bleiben, werdet ihr bitten, was ihr wollt, und es wird euch widerfahren. Darin wird mein Vater verherrlicht, dass ihr viel Frucht bringt und werdet meine Jünger.«

Ein vollmundiges Wort, das wir auf Wahrheit untersuchen müssen. Denn jedes Wort, das sich nicht in der harten Realität des Lebens bewahrheitet und den Echtheitstest übersteht, macht den Glauben irrelevant. Da haben die Kritiker völlig recht. Nur: Ich habe noch keins gefunden, im Gegenteil.

Das Fundament, auf dem wir leben, muss klar sein. Ich glaube doch nicht an ein höheres Wesen, an die Katze auf dem Dach. Ich glaube an Jesus Christus, gekreuzigt, gestorben und begraben; auferstanden von den Toten; sitzend zur Rechten Gottes, weil er zum Himmel aufgefahren ist und wiederkommen wird. Das andere (aus dem christlichen Apostolischen Glaubensbekenntnis) lässt man meist unter den Tisch fallen. Und es war der einstige große Mann der Sozialdemokratie, Hans-Jochen Vogel, der es in einem

STERN-Interview im November 2014 für sein Lebensende bekannte: »... zu richten die Lebenden und die Toten.« Ohne das Jüngste Gericht sei alles sinnlos, so Vogel. Vor Gott bin ich letztverantwortlich, er spricht das letzte Wort, nicht Menschen und Meinungen.

Jesus ist kein Weichei auf Wanderschaft, der Frauen entzückte und einen Schwarm Verrückter hinter sich herzog, kein Guru für Flüchtlingsfragen und nachhaltiges Wirtschaften, kein Gender-Beauftragter in frauengerechter Sprache für eine Wohlfühl-Religion der Selbstgerechtigkeit. »Er kommt zum Weltgerichte«, wie wir es in einem uralten Adventslied singen, und er hat das letzte Wort. Richter und Retter in einer Person – wer das nicht als intellektuelle Herausforderung begreift, dem ist nicht zu helfen.

Ich glaube nicht an einen edlen Menschen, der Weises zur Ethik, zum Frieden und zum Umgang miteinander gesagt hat. Ich glaube nicht an den großen Sozialrevolutionär, der dann doch am Ende gescheitert ist. Ich glaube nicht an einen, dessen Ideen und Gedanken so weiterleben wie die von Goethe und Schiller. Nein! Ich glaube an den barmherzigen Gott, der seinen Sohn auf die Erde schickte, um uns eine Brücke zu sich, dem Vater, zu bauen. Er redet nicht von oben herab, er kam von oben herab, um das Elend dieser Welt selbst durchzumachen, ja durchzuleiden. Und dabei ging er bis zum Äußersten: bis zum Tod am Kreuz.

Jesus starb, damit wir leben können. Der jüdische Denker und Nobelpreisträger Albert Einstein konnte sagen: »Ich bin Jude, aber das strahlende Bild des Nazareners hat einen überwältigenden Eindruck auf mich gemacht. Es hat sich keiner so göttlich ausgedrückt wie er. Es gibt wirklich nur eine Stelle in der Welt, wo wir kein Dunkel sehen. Das ist die

Person Jesu Christi. In ihm hat sich Gott am deutlichsten vor uns hingestellt.«

Wir glauben an Jesus Christus, der alles in den Schatten stellt, was vor und nach ihm gedacht wurde. Er tritt mit einem Absolutheitsanspruch auf, der das Atemberaubendste und Exklusivste ist, was diese Erde je gehört hat. Der sich vor das riesige Forum der Welt hinstellt und von sich sagt: *»Ich bin …!* Ich bin Wahrheit, Weg und Leben, ich bin Wasser und Brot, ich bin der gute Hirte und der rechte Weinstock, ich bin die Tür zu Gott und das Licht, ich bin die Auferstehung und das Leben, *ich* bin …« Man müsste aus dem griechischen Urtext des Neuen Testaments sogar genauer und damit knallhart übersetzen: »Ich bin es ganz allein. Ich bin es!« Folglich kann kein anderer diesen Anspruch jemals erheben. Etwas Exklusiveres ist dieser Welt wahrhaftig noch nicht zugemutet worden. Jesus vertritt keine Meinung unter vielen, sondern ist die Wahrheit. Wem da die Hutschnur nicht hochgeht, dem ist nicht zu helfen … Wen es da auf dem Sitz hält, der ist geistig gelähmt.

Wahrheit oder Wahnsinn

Konsequenterweise gibt's jetzt nur eine Frage: Wer ist denn der, der das von sich sagt: Ich bin Gottes Sohn; ich bin die Wahrheit; ich bin der, dem alle Macht gegeben ist im Himmel und auf Erden? Der brillante irische Denker C. S. Lewis, dessen »Chroniken von Narnia« die Welt faszinieren, schreibt: »Entweder Jesus war und ist der Sohn Gottes, oder er war ein Verrückter, um nicht noch Schlimmeres zu vermuten. Sie können ihn als Dämon abtun oder Sie müssen ihm zu Füßen fallen und ihn Herr und Gott nennen. Aber kommen Sie mir bloß nicht mit dem gönnerhaften Unsinn, er sei ein bedeutender Lehrer gewesen.« Ja, es ist tatsächlich so: Entweder sein ungeheurer Anspruch und das, was Jesus von sich behauptet, stimmt oder er ist ein Psychopath.

Während meines Studiums arbeitete ich für ein psychologisches Seminar in einer psychiatrischen Universitätsklinik. Dort lernte ich Kranke einer geschlossenen Anstalt kennen. Da sagte einer: »Ich bin Napoleon!«, und ein anderer: »Ich bin Bismarck!« Verstehen Sie? Da kommt einer her und behauptet: »Ich bin Gottes Sohn!« Entweder dieser Anspruch stimmt oder er ist hochgradig geistesgestört und man sollte sich keinen Tag mehr mit ihm beschäftigen. Eines ist nur möglich: entweder – oder.

Alles anderes ist verlogene Haarspalterei. Mit dem Seziermesser an der Bibel herumbasteln und den Anspruch von Jesus entschärfen, das ist so, als würde man einem Tiger die Krallen abschneiden und glauben, man hätte nun ein zahmes Tier. Entweder das stimmt, dass Jesus von sich sagen kann: »Ich bin es und sonst keiner.« Oder wir haben es mit dem größten Demagogen zu tun, der je gelebt hat. Mit dem größten Volksverführer und Scharlatan. Dann ist jahrhundertelang umsonst gebetet und gehofft worden, umsonst Abendmahl gefeiert und Kirchen gebaut worden. Die Milliarden, die sich seit 2000 Jahren in Todesnot, Terror und Krieg an ihn gewandt haben, sind betrogene Leute. Dann lasst uns die Bibel verbannen, das Kreuz verbieten und das Christentum vergessen. Dann nehmen Sie das deutsche Grundgesetz, die klassische europäische Malerei, Musik und Literatur – ein riesiger Scheiterhaufen für eine gigantische Betrugsreligion. Oder aber es ist wahr …

Der radikale Anspruch von Jesus fordert uns heraus. Er provoziert zur Entscheidung: Wahrheit oder Wahnsinn? Es ist blasierte Ignoranz, sich ein paar passende Worte von Jesus herauszusuchen, ohne den Anspruch seiner Person zu akzeptieren. Mit intellektueller Redlichkeit hat eine solche Methode nichts zu tun. So etwas muss man klugerweise Dummheit nennen, auch wenn sich Bibelkritiker gern mit dem Lorbeerkranz der Wissenschaftlichkeit schmücken. »Gegen eine Dummheit, die gerade Mode ist, kommt keine Klugheit auf«, schrieb schon Theodor Fontane. Jesus ist nur ganz oder gar nicht zu haben. Wenn sein Anspruch, Gottes Sohn und die Wahrheit in Person zu sein, nicht stimmt, dann sind auch seine Worte bloße Fantastereien eines psychopathischen Spinners, seien sie noch so weise und wohltuend.

Alles nur Zufall?

Gibt es Fakten, die mich überzeugen können? Ich wäre nie Christ geworden mit all den Lebens-Konsequenzen, wäre Jesus nur ein 08/15-Prediger und seine Botschaft blanke Einbildung. Es ist ja erstaunlich, mit welcher Überheblichkeit denkende Menschen zum Beispiel an der Tatsache vorbeigehen, dass hinter Jesus Christus erfüllte Prophezeiungen stehen. Mit bestechender Logik formulierte der Theologe und promovierte Philosoph Gerhard Bergmann immer wieder in seinen Vorträgen, die in den 1980er-Jahren Tausende anzogen: »Durch die neutestamentliche Erfüllung alttestamentlicher Messias-Verheißungen bezeugt sich Gott in Jesus Christus als Wahrheit. Damit gibt er uns Bestätigung und Hilfe für die Richtigkeit unseres Glaubens.«

Nur einige Punkte möchte ich hier nennen: Rund 700 Jahre vor Christi Geburt verheißt Gott durch den Propheten Jesaja (7,14) das Kommen des Messias. Selbst der Geburtsort Bethlehem wird in Micha 5,1 genau lokalisiert. Hosea prophezeit Flucht und Rückkehr aus Ägypten (11,1). Vorhergesagt wird der Kindermord in Bethlehem; der spätere Wohnort Nazareth; der Einzug in Jerusalem. Und mit Jesaja 53 wird die Passion von Jesus Christus zu Karfreitag prophezeit. Ja, Gott geht im Alten Testament sogar so weit, dass er zwei Details ankündigt, die Jahrhunderte später Tatsache werden: Die Kriegsknechte werden dem Gekreuzigten nicht die Beine brechen, sondern ihm in die Seite stechen (2. Mose 12,46; Sacharja 12,10); sein Gewand wird nicht zerteilt, sondern das Los darum geworfen werden (Psalm 22,19).

Sollte die Erfüllung all dieser Verheißungen in der Person dieses Jesus Christus reiner Zufall sein? Einbildung? Oder ist es wahr, dass Jesus der von Gott verheißene Messias ist, der Christus? Ich könnte Zweifler verstehen, wenn nur ein oder zwei Vorhersagen des Alten Testaments in Jesus Christus Wirklichkeit geworden wären. Wenn sich aber eine ganze Kette von Vorhersagen im Leben dieses einen Menschen ereignen, dann kann am Anspruch von Jesus, der gesandte Messias zu sein, kein ernsthafter Zweifel mehr bestehen. Dann muss der Intellekt kapitulieren – so wie die weisen Männer aus dem Morgenland an der Krippe niederknieten, weil sie aufgrund ihrer Forschungen gar nicht anders konnten als im Kind Jesus den König sehen, den sie suchten. Diese weihnachtliche Episode ist ja kein Kleinkinderkram, sondern der große Beweis: Verstand und Glaube, Forschen und Finden sind zwei Seiten derselben Medaille. Glaube ohne Verstand ist gefühlsselige Frömmelei, Verstand ohne Glauben ist Denken und Handeln ohne ethischen Rahmen und damit, wie die leidvolle Geschichte beweist, trotz segensreicher Erfindungen ein Fluch.

Oder man bemüht »Trick 17«: Die ersten Christen haben die Prophezeiungen erst nach dem Tod von Jesus in die Bibel hineingeschmuggelt, um ihn als Messias auszuweisen. Genauso, wie sie die Auferstehung erfunden haben, weil ein Gekreuzigter als Religionsführer unattraktiv gewesen wäre. Diese Kritik, oft noch wissenschaftlich pseudotheologisch verbrämt, hat mit Intelligenz nichts zu tun. Es mag chic klingen, sich so dem Anspruch der Bibel zu entziehen. Aber es ist nichts als Naivität.

Wer sich mit den Quellen der Bibel beschäftigt, der weiß spätestens nach dem Zufallsfund der Schriftrollen im Jahr 1947 in den israelischen Qumranhöhlen: Die Messiasverheißungen wurden erwiesenermaßen vor der Geburt von Christus »zu Papier gebracht«. Der Bonner Theologieprofessor Hans Iwand hat recht: »Das Wort geht voraus, das Ereignis folgt als Bestätigung der Treue Gottes.« Und was die Auferstehung von Jesus angeht, da lohnt sich ein Blick in die Werkstatt der Historiker. Der Geschichtsprofessor Hugo Staudinger nennt die Auferstehung »ohne jeden Zweifel historisch glaubwürdig«. Der Tübinger Gräzist Professor Wolfgang Schadewaldt, dem wir die Übersetzung der großen griechischen Klassiker verdanken, analysiert: »Der biblische Bericht von der Auferstehung von Jesus Christus ist das bestbezeugte Ereignis der ganzen Antike.«

Damit wir uns nicht missverstehen: Mein Glaube hängt nicht an den Handschriften von Qumran oder den Stimmen ernst zu nehmender Wissenschaftler. Aber ich bin es leid, dass sich diejenigen als klug, kritisch und intellektuell redlich ausgeben können, die die biblischen Tatsachen als Märchen abtun. Der Glaubende ist es, der die Fakten auf seiner Seite hat! Paul Deitenbeck hat recht, wenn er das Neue Testament das »apostolische Tatsachen-Evangelium« nennt. Wenn Jesus die Wahrheit und auf sein Wort Verlass ist, dann wird auch ehrliches, vorurteilsfrei-kritisches Denken nicht daran vorbeikommen, dass dieser Jesus kein Größenwahnsinniger und die Erfüllung der Verheißungen kein Zufall ist. Glaube ist Gewissheit ohne Beweis – und ich bin dankbar, dass Gott sich immer wieder erweist.

Vom Zweifel zur Gewissheit

Einen Zweifler und Kritiker kann man nur dann ernst nehmen, wenn er es wiederum auch ernst meint. Und das heißt immer, dass er offen ist für Beweise, die seinen Zweifel widerlegen. Ja, dass er sogar froh ist, seinen Zweifel loszuwerden. Echter Zweifel will überwunden werden. Oft habe ich bei Gesprächen allerdings den Eindruck, dass der Kritiker geradezu Angst hat, die Bibel könnte doch recht haben. Denn dann lebten ja die in der Wahrheit, die er bisher spöttisch als Ewig-Vorgestrige und Jesus-Fanatiker abgetan hat.

Hermann Bezzel, der bis heute meistzitierte bayerische Bischof, schrieb schon Ende des 19. Jahrhunderts sehr treffend: »Zweifel entstehen nie aus Gründlichkeit, sondern aus Ungründlichkeit. Alle diese Willens-, Schwachheits- und Verstandeszweifel und wie sie alle heißen, erwachsen in der Seele, die es nicht genau mit dem Wort nimmt ... Zweifel sind immer ein Zeichen der Oberflächlichkeit. Und es ist ein

Kunststück des Teufels, dass er uns glauben macht, Zweifler seien immer die allertiefst denkenden und verständnisvollsten Menschen. Man könnte fast sagen: Das Gegenteil ist der Fall! Fragt einmal einen Zweifler, was er von der Bibel weiß. Fragt die großen Gegner der Heiligen Schrift, was sie eigentlich von der Bibel gelesen haben. Man wird erschrecken, wie wenig Kenntnis sich mit ihrem Zweifel verbindet.«

Der Glaube eines Christen ist weder Nichtwissen noch Wunschbild. Und doch geistert der Satz des Philosophen Ludwig Feuerbach, der in den Sockel seines Denkmals in Nürnberg eingemeißelt ist, durch viele Köpfe: »Der Mensch schuf Gott nach seinem Bilde.« Ist unser Glaube also eine Illusion, ein Fantasieprodukt? Nein! Unser Glaube hat es mit einer Person zu tun: Jesus Christus. In ihm kann man der Wahrheit Gottes begegnen. Und wer diesem Jesus begegnet ist, der weiß: »Mein Glaube ist keine Meinung, sondern Gewissheit und Zuversicht.« Glaube ist keine Einbildung, sondern erfahrbare Wirklichkeit. Der große jüdische Religionsphilosoph Martin Buber sagt: »Alles Wesentliche im Leben ist Begegnung.« Das Entscheidende, so meine ich, ist die Begegnung mit Jesus Christus.

Auf die Frage »Warum ich glaube?« antwortet Gerhard Bergmann sehr einleuchtend: «Weil Jesus Christus kein Fantasieprodukt ist, darum auch nicht der Glaube an ihn. Weil das Kreuz von Golgatha keine Einbildung, sondern Geschehnis ist, darum ist auch mein Glaube an den Gekreuzigten keine Einbildung. In der Tatsache der geschichtlichen Realität Jesu liegt der tiefste Grund meines Glaubens an ihn. Ohne Jesus Christus wäre der Glaube nur Mythos, nur Lehre, nur menschliches Fantasieerzeugnis. Aber weil Gott in Jesus Christus das Schweigen der Ewigkeit gebrochen hat, ist der Glaube an ihn die Antwort auf das tiefste Sehnsuchtsfragen der Menschheit … Glauben an diesen Jesus Christus ist eines Menschen beste und notwendigste Tat. An ihn glauben heißt, sich die Ewigkeit in die Zeit hineinholen. Wer es mit diesem Jesus wagt, dem ist die Sonne aufgegangen, die niemals mehr untergeht. Aber auch das Umgekehrte gilt: Wer es nicht mit ihm wagt, bleibt im Dunkel der Nacht. Denn Jesus sagt: ›Ich bin das Licht der Welt.‹«

Ja, darauf wird es ankommen: bereit zu sein, seinem Gott zu begegnen; Glauben in der Begegnung mit Jesus Christus zu erfahren. Und dann dabei bleiben. Bei Jesus Christus bleiben, das heißt: an den glauben, der für unsere Sünden am Kreuz gestorben ist; der auferstand, damit wir leben können und frei sind. Wir glauben nicht an Ideen. Wir glauben nicht an Gefühle. Auch nicht an Visionen und Träume.

Gefühl oder Gewissheit?

Hier liegt in unseren Tagen eine große Gefahr. Wo kalter Intellektualismus und nüchterne Rationalität das Emotionale verdrängen, sehnen sich viele nach gefühlsmäßigem Erleben. Die Spaß- und Erlebnisgesellschaft ist ein Zeichen dafür, bis hin zum Infotainment, dass also alles als Unterhaltung daherkommen muss. So ist für viele der Glaube eine reine Gefühlsangelegenheit. Man lässt sich in einen Rausch hineinjubeln, dem dann allzu oft ernüchternd der »Kater« folgt. Himmelhoch jauchzend – zu Tode betrübt. Es gibt aber Dinge, die nüchtern sind und kein Allotria vertragen. Bei Niederlagen zählt nur noch das Echte, im Scheitern hilft keine Gefühlsduselei, sei sie noch so fromm.

Ich denke an die jungen Strafgefangenen, die ihre Haftzeit im christlich geführten »Seehaus« in Leonberg nicht absitzen, sondern hart abarbeiten; die einen Tagesablauf haben, gegenüber dem der Wehrdienst ein Spaziergang ist. Männer, oft aus kaputten Familien, die ihr junges Leben verpfuscht haben, die gescheitert sind und nur Niederlagen erlebt haben. Denen kann man doch nicht mit ein paar sentimentalen Liedchen kommen, mit diesen »4711-Liedern«, wo man vier Zeilen mit sieben Worten elfmal wiederholt. Hier zählen nur knallharte Fakten und überzeugende Lebensevangelisation. Werte, mit denen man in Führung kommt und bleibt, wollen ja nicht als Worte erfahren werden, sondern als Begegnung. Ich will wissen: Wie tragfähig ist dieser Glaube, ist dieser Jesus im Alltag; kann er mein Scheitern in eine Chance verwandeln?

Junge Leute, die oft keine echte Liebe erfahren haben, die sich durch Gewalt und Kriminalität behaupten und einen Eigenwert erkämpfen mussten. Einer der Jungs schrieb mir: »Ich will doch meine Mutter stolz machen, die über mein kaputtes Leben nur noch weint. Ich weiß, dass ich raus muss aus dem Teufelskreis von Drogen und Gewalt. Die ›Seehaus‹-Gemeinschaft ist meine letzte Rettung.« Übrigens: Schauen Sie mal im Internet nach dem »Seehaus«; Gebet und Geld für dieses Projekt sind besser angelegt als bei irgendwelchem Gender-Wahnsinn verfasster Kirchen! Junge Leute, die wieder Fuß fassen nach den Niederlagen ihres Lebens. Das nennt man Zukunftsinvestition.

Christliches Leben ist nicht »seelisch«, aber dennoch für die Seele gut. Dietrich Bonhoeffer, Märtyrer der Nazi-Diktatur, weist in seinem grundlegenden Werk »Gemeinsames Leben« darauf hin, dass sich dieses »seelische Moment« besonders auf Freizeiten, auf Massenveranstaltungen und in christlichen Lebensgemeinschaften ausbreitet. »Nichts ist leichter, als den Rausch der Gemeinschaft in wenigen Tagen gemeinsamen Lebens zu erwecken, und nichts ist verhängnisvoller für die gesunde, nüchterne christliche Lebensgemeinschaft im Alltag.« Im Blick auf diese Gemeinschaft stellt Bonhoeffer fest: »Im Glauben sind wir verbunden, nicht in der Erfahrung.« Dieser Glaube ist mehr als bloßes Gefühl. Der Glaube lebt von seinem Gegenstand: der Person Jesus Christus. Dieses Glaubens kann, ja muss man gewiss, nicht gefühlt sein. So, wie wir es in dem uralten Kirchenlied singen. »Ich *weiß*, woran ich glaube, ich *weiß*, was fest besteht …«

Natürlich kann eine Gemeinschaft, auch eine große Veranstaltung oder eine Freizeit höchst positive Wirkungen haben. Man fühlt sich nicht so allein wie sonst, kann auftanken oder Weichen für sein Leben stellen, was sich dann im Alltag (»Wenn du wieder ganz alleine bist …«, wie es in einem Lied heißt) bewähren muss. Und man kann auch anonym bleiben, wird also nicht sofort fromm angequatscht oder vereinnahmt. Der Ingenieur Adolf Hägel weiß ein (Lob-)Lied davon zu singen, was die riesige Pfingsttagung in Bobengrün im Frankenwald Jahr für Jahr bewirken konnte. Hier nur eine Geschichte, verkürzt und anonymisiert: »Ich war vor Jahren in die USA eingeladen. Dort hatte ein cleverer Unternehmer in Zusammenarbeit mit unserer Firma ein großes Werk aus dem Boden gestampft. Ich war persönlich mit ihm verbunden. Sein Sohn hatte krumme Dinger gedreht. Er wurde von seinem Vater ›strafversetzt‹ nach Deutschland für ein Praktikum in Oberfranken. Hart arbeiten in einer Maschinenfabrik statt studieren im Luxus.

Für ihn war das eine echte Niederlage, ein komplettes berufliches Scheitern. Ich habe ihn in meinen CVJM-Jugendkreis und auf die Pfingsttagung eingeladen. Er kam zum Glauben an Jesus Christus. Sein Vater konnte nicht fassen, wie sein Sohn sich verändert hatte. Der Vater wurde schwer krank – Krebs. Sein Sohn schickte ihm in die Klinik nach Kalifornien ein Tonband, auf dem er vor einem Vortrag von Peter Hahne von seinem neuen Leben als Christ berichtet. Das hat den Vater förmlich umgeworfen, er kam zum Glauben. Einige Tage vor seinem Tod rief er mich aus den USA an, er wollte sein ganzes Weltbild neu auf Jesus ausrichten, mit seinem Leben nicht scheitern. Er ist im Frieden gestorben, auch mit seinem Sohn, dessen ›Strafversetzung‹ ihm, dem erfolgreichen Geschäftsmann, das ewige Leben brachte.«

Gott, der den Kosmos in Händen hält, zoomt förmlich auf den Einzelnen, kümmert sich um sein persönliches Schicksal, als gäbe es nichts anderes. Auch in Großveranstaltungen mit über 10 000 Jugendlichen wie im Frankenwald passiert es oft, dass Einzelne das Gefühl haben: Hier geht es nur noch um mich, nicht um die Tausende um mich herum. »Mein Leben ist verkehrt, was soll ich tun?«, fragte sich dieser junge Amerikaner, heute ein weltweit tätiger Unternehmer. Er kniete an einem Baum nieder und betete zum allerersten Mal: »Gott, mein Leben ist verkehrt. Hilf mir!« Das war alles. Seine Söhne schickte er später auch zum Praktikum nach Oberfranken, sie landeten alle in Hägels Jugendkreis. Das Christsein prägt die international bekannte Firma nun auf allen Erdteilen. Auf freiwilligen Betriebsversammlungen konnte Adolf Hägel überall seinen Glauben bezeugen, selbst in Peking. Er kam mit führenden

Industriellen in Kontakt, die ihm ihre Niederlagen in Beruf, Ehe und Familie anvertrauten, deren Leben nur noch Fassade war. Gescheiterte Prominente mitten aus dem Wirtschaftsleben bekamen Grundwerte, um in Führung zu bleiben. Und das alles, weil Emotion und Botschaft einer Großveranstaltung einst einem »verlorenen Sohn« Glaubensheimat gaben. Ja, Christentum ist Brandstiftung der Liebe! Mitten im harten Kampf der Wirtschaft kombinieren Persönlichkeiten, deren Geschäft Fakten und Daten sind, Glauben und Verstand und bezeugen heute trotz mancher Niederlagen einen der Slogans von Bobengrün: »Mit den Gewinnern laufen – denn mit Jesus kommt man ans Ziel.« Eine echte Führungskraft zeichnet sich durch Zielorientierung aus.

Es ist wohl das unausrottbarste Missverständnis aller Zeiten, dass Glauben und Denken dauernd gegeneinander ausgespielt werden. Herbert Marcuse, marxistischer Vordenker einer irregeleiteten Generation, formuliert: »Denken ist Anstrengung – Glauben ist Komfort.« Kein Wunder, dass so viele Marxisten innerlich erfrieren. Dass selbst Ernst Bloch sich genötigt sieht, dem Kältestrom der Ideologie sein »Prinzip Hoffnung« gegenüberzustellen. Doch das ist viel zu wenig! Wer kann denn schon mit einem »Prinzip« selig sterben, geschweige denn glücklich leben?! Es ist schlichtweg naiv, den Glauben als Komfort zu bezeichnen und alle Trümpfe auf das Denken zu setzen.

Spätestens in den Grenzsituationen des Lebens wird man merken, wie arm man auch bei reichstem Verstand ist! Auch dann, wenn Geistesgrößen wie Herder, Lessing, Telemann oder Bach bei einem ein und aus gingen wie beim Schriftsteller und Pionier des Journalismus, dem »Wandsbecker

Boten« Matthias Claudius. Er schreibt in einem Brief: »Wer nicht an Christus glauben will, der muss sehen, wie er ohne ihn raten kann. Ich und du können das nicht. Wir brauchen jemand, der uns hebe und halte, weil wir leben, und uns die Hand unter den Kopf lege, wenn wir sterben sollen.« In obiger Geschichte des Bobengrüner Amerikaners ist es umgekehrt: Da sprach der Sohn zum Vater, um nach dessen Tod zu bekennen: »Es ist etwas Großes, wenn wir Menschen zu Jesus führen dürfen. Aber es ist etwas Besonderes, wenn es der eigene Vater ist!«

Es ist die Gewissheit des Glaubens, die Christen noch in der Todesstunde getrost sein lässt. Da stehen mir die Märtyrer des Dritten Reiches vor Augen: Helmuth James Graf von Moltke oder Dietrich Bonhoeffer. Sie hatten angesichts ihrer Henker wahrhaftig kein gutes Gefühl mehr. Sie hatten jedoch die Gewissheit: Jenseits der Todesgrenze wartet die ewige Herrlichkeit. Deshalb konnte Moltke als 37-Jähriger an seine junge Frau schreiben: »Jetzt kann alles nur noch schöner werden.« Oder Dietrich Bonhoeffer diese tiefen Zeilen dichten, die seitdem um die Welt gehen:

Von guten Mächten wunderbar geborgen,
erwarten wir getrost, was kommen mag.
Gott ist bei uns am Abend und am Morgen
und ganz gewiss an jedem neuen Tag.

Diese Gewissheit, die alles Fühlen und jede Augenblicksstimmung übersteigt, finden wir in vielen unserer kostbarsten Lieder – so z. B. in dem bekannten »So nimm denn meine Hände« der baltischen Dichterin Julie Hausmann:

Wenn ich auch gleich nichts fühle
von deiner Macht,
du führst mich doch zum Ziele
auch durch die Nacht:
So nimm denn meine Hände
und führe mich
bis an mein selig Ende
und ewiglich!

Das hat Millionen von Menschen in schweren Stunden getröstet. Selig sind, die nicht fühlen und doch glauben. Der Glaubende setzt sein Vertrauen auf Jesus Christus. Unser Glaube ist ein Personenglaube. Kein Bauen auf Gefühle und kein bloßes Fürwahrhalten einer Lehre. Gefühle sind kein Gradmesser für den Glauben. Glauben heißt: Ich vertraue mich Jesus an und weiß, dass diese Lebensverbindung auch dann trägt, wenn ich nichts mehr fühle. Vertrauen heißt: mit unbeantworteten Fragen leben können; in der Hoffnung, dass einmal alles offenbar wird. Die tapfere Niederländerin Corrie ten Boom, die vielen Juden während des Dritten Reiches zum Überleben half und selbst nur knapp das KZ überstand, hat mir einmal erläutert: Unser Leben ist wie ein großer Teppich, an dem immer weitergewebt wird. Wir sehen nur die Rückseite, und die ist in Farben und Fäden verworren. Doch wenn wir bei Gott angekommen sind und die Todesgrenze überschritten haben, dann dreht der Teppich sich um und es wird ein wunderbares, sinnvolles Muster zu sehen sein. Ein Gleichnis, das ich nie vergessen werde und das mich schon oft getröstet hat. Gott macht in meinem Leben nichts ohne (Hinter-)Sinn.

Wir glauben an den Gott der Bibel. Denn alles, was zu

glauben ist, das wissen wir nicht aus visionären Privatoffenbarungen, sondern aus den schwarz auf weiß von jedermann lesbaren Buchstaben der Bibel. Über das Christentum weiß jeder alles, wenn er bereit ist, sich auf die Bibel einzulassen.

Was der Mensch zum Leben braucht

Eine meiner bewegendsten Vortrags-Reaktionen der letzten Jahre: Es war nach einem dieser wunderbaren »Frühstückstreffen für Frauen«. Rund 1000 hoch interessierte Damen in einem Ort der »neuen« Länder, die allermeisten ohne jegliche Ahnung vom christlichen Glauben, geschweige der Bibel; die begleitende Berichterstattung entsprechend – die SED hat ganze Arbeit geleistet! Und dann war es ausgerechnet die Kollegin einer großen Zeitung, die in bester journalistischer Berufsauffassung all ihre Vorurteile beiseiteschob und Tage nach dem Vortrag bat: »Ich möchte gerne die Bibel kennenlernen.« Auch andere Frauen hatten begriffen, um was es mir im Tiefsten ging, und schlossen sich Haus- und Bibelkreisen an, um in Beziehung zu Christen und Christus zu kommen.

Beziehung zu Christus und Bleiben an der Bibel – zwei Seiten derselben Medaille. »Wenn ihr in mir bleibt und meine Worte in euch bleiben« – so sagt es uns Jesus Christus im Johannesevangelium (15,7), an dessen Beginn ja der tiefsinnige, jeden philosophischen Denker herausfordernde Satz steht: »Im Anfang war das Wort, und das Wort war bei Gott, und Gott war das Wort.« Kaum ein Text wird häufiger zitiert, kaum ein Gedanke hat die geistige Welt des Orients und des Abendlandes stärker geprägt. In der legendären Studierzimmer-Szene lässt Goethe seinen Faust genau über diesen Satz grübeln. Ohne schlüssige Antwort. Denn der Schlüssel liegt im hebräischen Denken der Prophetie des Alten Testamentes Jahrhunderte vor Christus, eben »im Anfang«. In Jesus Christus kommt eine lebendige Person; kein starrer Buchstabe ist mit dem »Wort« gemeint.

Und Christus ist es, der sich an das geschriebene geoffenbarte Wort bindet. Übrigens mit dem Risiko, missverstanden zu werden. Ein Akt der Souveränität, sich quasi in die Hände der Menschen zu geben, auch von Theologen (zu Deutsch: von Gott Redende!), die oft aus dem Felsenfundament der Bibel einen Steinbruch der Beliebigkeit machen. Zum Schluss lag alles in den Händen von Pontius Pilatus, der sie in Unschuld wusch, um den größten Justizirrtum der Weltrechtsgeschichte mit einem Todesurteil enden zu lassen. Unser Glaube baut nicht auf Gefühle, auch nicht auf fromme Erlebnisse. Er basiert nicht auf privaten visionären Offenbarungen, erst recht nicht auf einer selbst gezimmerten theologischen Zeitgeist-Ideologie.

Die theologische »Wissenschaft« unter dem ideologischen Vorzeichen historisch-kritischer »Forschung« musste sich immer wieder korrigieren, gescheitert nicht zuletzt an den archäologischen Ausgrabungen in Israel. Stein für Stein erweist sich das Wort Gottes als zuverlässig – bis ins Detail! Oder Lügen ganz anderer Art: Erst Anfang 2014 mussten Verlage weltweit einen millionenfach verkauften Bestseller vom Markt nehmen, der sich als Scharlatanerie erwiesen hat. Kriminell! Ein Jugendlicher berichtet dort, dass er nach einem Autounfall nicht nur im Koma, sondern auch bei Jesus im Himmel gewesen sei. Nach Lektüre der Bibel gestand er den Betrug; Druck und Verkauf des Kassenschlagers mussten eingestellt werden. »Ich möchte die ganze Welt wissen lassen, dass die Bibel ausreicht«, bekennt nun der »Himmelsbesucher«. Eine Rückrufaktion im Doppelsinn! Richtig, wir brauchen keine Erscheinungen und Visionen. Unser Glaube baut allein auf die Tatsachen der Bibel. Fakten, Fakten, Fakten! Hier sagt uns Gott, was er von uns will. Hier zeigt uns Jesus, was er für uns getan hat. Wir brauchen keine Minderwertigkeitskomplexe zu haben, als könnten wir uns heute mit Jesus Christus und seinem Wort nicht mehr sehen lassen. Es gilt der uralte Buchtitel: »Und die Bibel hat doch recht!«

»Heute ist nicht mehr die Zeit des Christentums – heute ist die Zeit der Ideologien«, sagte mir einmal ein Soziologe und meinte, damit auf der Höhe der Zeit zu sein. »Das Christentum hat ausgedient, es hat keine gesellschaftsrelevante Bedeutung mehr«, bilanzierte forsch der Historiker und STERN-Chefredakteur Sebastian Haffner. Da kann ich nur lachen! Ich muss mich fragen: Hat sich denn der ganze Marxismus nicht schon längst als Irrtum erwiesen? Ist denn das wissenschaftliche Getue um den Sozialismus nicht ein Lorbeerkranz der Verlogenheit, ein gigantischer Etikettenschwindel von Solidarität, die allzu oft in der Verfolgung und Ermordung Andersdenkender endete? Die einzige Herausforderung der marxistischen Machthaber war doch die Botschaft von Jesus Christus – die Wahrheit der Bibel. Oder Menschen, die diese Wahrheit konsequent bezeugten wie Papst Johannes Paul II., der einst am Brandenburger Tor proklamierte: »Europa hat einen Namen: Jesus Christus! Freiheit hat einen Namen: Jesus Christus!«

Die Treue der Christen zu Gottes Wort hat die Diktaturen förmlich niedergebetet. Die Angst des DDR-Systems vor diesem Wort trug so skurrile Züge, dass es Kirchenzeitungen zum Beispiel verboten war, den Psalmvers »Mit meinem Gott kann ich über Mauern springen« (Psalm 18,30) abzudrucken! Der wichtigste Slogan zum Niederringen der SED-Diktatur waren die drei plakativen Worte »Schwerter zu Pflugscharen«. Was wenige wussten und noch nicht einmal die Kirchen dazu brachte, zum 25. Jahrestag des Mauerfalls diesen Mann zu ehren: Dieses Wort mit Sprengkraft ist ein Zitat der Bibel (Prophet Micha 4,3), in den 1980er-Jahren in Umlauf gebracht vom damaligen lutherisch-evangelikalen Landesjugendpfarrer Harald Bretschneider aus Dresden. Im wahrsten Wortsinn ein geflügeltes Wort, das mit dem Symbol der Friedenstaube in jeden Winkel des Landes »flog« und eine ganze Diktatur ins Wanken brachte. Kurios: Zunächst gestaltete Bretschneider damit Lesezeichen, die bekanntlich unsichtbar in Büchern verschwinden. Dann aber wählte er den Druck auf Textil, weil – anders als bei Papier – dafür keine Genehmigung der DDR-Behörden nötig war. Die über 100 000 Kleidungsstücke wurden so mit unfreiwilliger Hilfe des Mauer-Regimes zum allseits sichtbaren Aushängeschild einer Friedensbewegung auf Basis der Bibel. Kein Wunder, dass die Staats- und Stasimacht nach dem 9. November 1989 resigniert feststellte: »Mit allem hatten wir gerechnet (beim Widerstand auf den Straßen und dem Zusammenbruch der DDR), nur nicht mit Kerzen und Gebeten.«

Beim Kongress »25 Jahre friedliche Revolution« der Evangelischen Nachrichtenagentur idea im Christlichen Gästezentrum Schönblick im Jahr 2014 bilanzierte Pfarrer Bretschneider: »Die Bibel hat die DDR ins Wanken gebracht. Ein uraltes Prophetenwort hatte bleibende Aktualität.« Deshalb sind Christen in ihrem Auftrag nicht gescheitert, wenn man ihnen an die Existenz will. Überspitzt gesagt: Konsequenterweise muss eine diktatorische oder islamistische Ideologie Christen verfolgen und sie in Irrenanstalten und Arbeitslager sperren. Nicht weil sie sich aktiv dem System widersetzen, sondern weil sie mit einer unglaublichen Kraft in diese Welt hineintreten und den ungeheuren Anspruch reklamieren: Unser Herr ist die Wahrheit. Nicht wir sind es als strahlende Helden, wir sind nur »Botschafter an Christi statt«. Aber diese Botschafter hantieren mit Sprengstoff. Eure Herren gehen, unser Herr aber kommt.

Selbst die SED-Stasi-Schergen, die heute von guten Renten leben, hatten ein Gespür für die Heiligkeit der Bibel. Da halfen weder Sozialismus noch die brutale Entchristlichung durch die gefürchtete Volksbildungsministerin Margot Honecker, die »Maueröffner« und SED-Politbüromitglied Günter Schabowski in meiner Sendung vor Jahren spontan »Hexe« nannte: Eine gewisse Ehrfurcht vor dem Buch blieb.

So berichtet der Pfarrer Matthias Storck, der nicht nur das Mauerregime, sondern auch die »Kirche im Sozialismus« von ihrer hässlichsten Seite erlitt, aus seiner 17-monatigen Kerker- und Folterhaft: Während aus den sonstigen Leihbüchern Seiten herausgerissen oder Passagen geschwärzt waren, »das einzige Buch, dem diese Kuren erspart blieben, war seltsamerweise die Bibel. Sie blieb vollständig. Ein besonderes Ritual war die Rückgabe: Die Bibel wurde niemals durch die Klappe geschoben. Für dieses Buch wurde eigens die Tür geöffnet … Dass die Bibel Offizieren der Stasi derartigen Respekt einflößte, schien mir ein Wunder.«

Von der Stasi gefoltert, von der Kirche verraten

Matthias Storck ist einer von vielen, die mit der größten Niederlage, dem größten Scheitern fertigwerden mussten: Ihnen wurden die besten Jahre ihres Lebens gestohlen. Völlig unschuldig in der Stasi-Hölle von Cottbus, Bautzen oder Berlin-Hohenschönhausen eingekerkert, jeder Würde beraubt, elenden Schergen hilflos ausgeliefert. Während ich diese Zeilen schreibe, schickt mir eine treue Zuschauerin, Anne Orlob, Storcks Buch »Karierte Wolken«. Zufall ist eben ein Pseudonym Gottes. Von der Straße weg wurde der Student in Greifswald mit seiner Frau verhaftet, durch die Gefängnisse gezerrt, ohne Rechtsbeistand, ohne jede Aussicht, die Folter von Isolations- und Arresthaft zu überleben.

Das Scheitern der Persönlichkeit, die endgültige Niederlage einer menschlichen Existenz, das war das Ziel dieser gewissenlosen Sozialisten. Besuchen Sie diese brutalen Kerker und Sie werden die Eindrücke nie wieder los. Vera Lengsfeld, Bürgerrechtlerin und CDU-Bundestagsabgeordnete, von ihrem eigenen Mann (!), einem Stasi-IM, an die SED-Bonzen verraten, führte mich durch Hohenschönhausen. Ein Wahnsinn: Das Mauer- und Todesstreifen-Regime hat die Foltermethoden der Gestapo-Nazis sogar noch »verfeinert«, wie Joachim Gauck schildert. Man wollte den Menschen, die im Arbeiter- und Bauernparadies bleiben, es jedoch verändern wollten, das Genick brechen, die Würde nehmen, sie psychisch (und physisch) kaputt machen. Sie lebten, ohne je den Himmel zu sehen, und wenn, dann vergittert, vom »Seelenbrot« zum Beispiel eines Wolf Biermann. Als der bei seinem legendären Auftritt zum 25. Maueröffnungs-Jubiläum ein Lied im Reichstag sang, nannte er als einzigen

Namen den des frommen Pfarrers Matthias Storck. Ein Mann, der den Altkommunisten tief beeindruckt hat, weil er »ein wirklicher Christ ist, dem sein Glaube Kraft gibt«.

Kraft holte sich Storck aus allem, was er in seiner Kindheit von Jesus gehört oder auswendig gelernt hatte. Und natürlich aus der Bibel, die er – wenn die SED-Schergen ihn besonders quälen wollten – nur zwei Stunden die Woche zu lesen bekam. Den damaligen Studenten tröstete die Erinnerung an die junge Gemeinde, an mutige Professoren und an Kommilitonen, die entweder bereits in den Westen geflüchtet waren oder wie er in Haft saßen. Ihn tröstete der einzige (!) Gottesdienst, an dem er im Cottbusser Kerker teilnehmen durfte. Der Gefängnispfarrer hatte Bach auf Tonband dabei, eine bewegende Predigt und das Heilige Abendmahl. Anschließend sogar ein Vier-Augen-Gespräch. Stärkung für Tage und Wochen. Auch sein Vater, ein Pfarrer, improvisierte verbotenerweise bei einem der wenigen Besuche ein Abendmahl: aus mitgebrachtem Kuchen und Kaffee aus der Thermoskanne. Ein Vaterunser mit dem Vater, und schon klirrten wieder die Schlüssel der Wächter. Mitten im menschlichen Scheitern der göttliche Trost, »das Einzige, was mich hinter den Mauern am Leben erhielt«.

Als Storck nach seinem Freikauf durch die Bundesregierung seine Stasi-Akte las, kam der Schock, die nächste Niederlage seiner Existenz: Pfarrer-Vater und Gefängnispastor waren Stasi-IMs. Der eigene Vater ein Verräter! Ebenso der Seelsorger, dem Häftlinge ihr tiefstes Inneres anvertraut haben. Ordinierte Theologen! Leute der Kirche! Storck konnte die Gespräche nachlesen, als wäre es ein Tonbandmitschnitt. Wer ihn in den Kerker brachte? Ein Pfarrer! Später, von der Stasi in den Westen geschickt, maßgeblicher Redakteur des Evangelischen Pressedienstes epd, u. a. für die DDR-Berichterstattung zuständig. Alles längst vergessen! Heute machen die Kirchen das Licht aus, wenn ein paar islamkritische Demonstranten kommen, oder sie streiten, ob man zum 9. November voll Dank die Glocken läuten darf. Das Stasi-Unrecht wird weithin unter den Teppich gekehrt und den anderen Buße gepredigt in dieser »Wasser predigen und Wein trinken«-Kirche. Auch bei Öko-Tests haben die grünsten Bischöfinnen bekanntlich die dicksten Dienstwagen.

»Nicht meine Kirche«, überschreibt Storck ein Kapitel. Wenn ich die Zeitzeugen höre, frage ich mich das auch. Es wird einem weiteren Buch vorbehalten bleiben; zunächst halte ich mich an das Vertraulichkeitsgebot, was meine 18 Jahre im Rat der EKD, dem höchsten Leitungsgremium der Evangelischen Kirche in Deutschland, angeht. Das Vertuschen und Verschleiern des Stasi-Unrechts der West-Kirche schreit zum Himmel! Auf Theologiestudenten-Begegnungen erlebte ich in den 1970er-Jahren, wie Wessis den Ossis klarmachen wollten, dass sie doch das bessere System haben: »Ihr habt den guten Erich, wir leiden unter Franz Josef, dem schrecklichen Bayern.« Später war Helmut Kohl der Kirchen-Verhasste. Unfassbar! Und diese West-Leute, die ich alle namentlich nennen könnte, haben Kirchenkarriere gemacht. Die Ost-Kommilitonen sind oft seelisch gescheitert, so toll war das System! Kirche pervers – man findet keine Worte.

Storck und andere berichten, was sie bei der Lektüre des »Neuen Deutschland« empfanden. Das SED-Propagandablatt war der einzige erlaubte Lesestoff im Kerker. Titelbild zum Beispiel: Bischof Schönherr und der spätere Ministerpräsident Stolpe mit Diktator Honecker beim Sektempfang,

Kirche im Sozialismus feiernd. »Dass wir auf diese Institution nicht rechnen konnten, lernten wir später in der Frage des Wehrkundeunterrichts noch sehr bitter. Das gehört als Gegenbild zur Heldengeschichte hinzu, die bei Hofe geschrieben wird«, schreibt Storck. Es gab sie, die Helden! Es waren viele, das stimmt. Uwe Holmer zum Beispiel, der das Diktatorenpärchen Margot und Erich Honecker gegen frommen Widerstand in sein Haus aufnahm, als all die Gysis und PDSler ihn nicht mehr kennen wollten. Ausgerechnet Holmer, der mit seiner ganzen Familie unter dem Regime leiden musste.

Storck nennt nur drei Vorbild-Pfarrer: Rainer Eppelmann, späterer CDU-Abrüstungs(!)minister, den heutigen Bundespräsidenten Joachim Gauck und Oskar Brüsewitz. Dieser tapfere Märtyrer hatte sich am 18. August 1976 auf dem Markplatz von Zeitz verbrannt, im Talar, mit dem Spruchband: »Die Kirche in der DDR klagt den Kommunismus an. Wegen Unterdrückung in Schulen an Kindern und Jugendlichen.« Wegen seiner unkonventionellen Methoden (ein riesiges Neon-Kreuz in Autobahnnähe), was ihm überfüllte Gottesdienste brachte, hatte die Kirche (!) ihm zu einer Versetzung in den Westen geraten. Schwer verletzt lebte er noch vier Tage, die Familie durfte ihn nicht besuchen. Gnadenlos grausam. Der Leichnam war noch warm, da erklärten Staat und Kirche ihn quasi für verrückt, einen »Einzelgänger«. Keine Solidarität mit Mann und Motiv. »Mit ausgebranntem Herzen hatte er uns allen und vor allem seiner Kirche ein Licht aufgesteckt. Und wir hätten alle daraus lernen können und müssen. Ein flammender Aufschrei! Bereits drei Monate später schwiegen die Kirchenoberen schon wieder lauthals, als der Liedermacher Wolf Biermann (der Brüsewitz' Selbstverbrennung »Republikflucht in den Tod« nannte / P. H.) ausgebürgert wurde. Dabei war jedem klar, dass es um ein Exempel ging. Kein einziges Wort der Kirche!«, so Matthias Storck.

Die konservative Paneuropa-Union um Kaisersohn Otto von Habsburg (die 1989 die Öffnung der ungarischen Grenze und damit die »Prager Botschaft« möglich machte!) errichtete 1977 in meiner ostwestfälischen Heimat ein »Brüsewitz-Zentrum«. Unvergessen: Als in Bad Oeynhausen zu seinem Todestag ein Fackelzug stattfand, war ich mit meinen Eltern zufällig (!) zu einem Spaziergang im Kurpark. Mein Vater, damals noch eher kirchliche Karteileiche als frommer Christ, hörte den Spott kirchlicher Amtsträger und Jugendlicher gegen diese »reaktionäre Demo«, die es durch Parolengeschrei zu verhindern galt, und meinte lapidar: »Da gehören wir hin!« Und wir marschierten mit.

So wurde mir im Rat der EKD auch auf Anhieb Richard Schröder sympathisch, erster und letzter und damit einziger SPD-Fraktionsvorsitzender in der DDR-Volkskammer, später Bundespräsidenten-Kandidat und Professor an der Berliner Humboldt-Universität. Denn er war nach Rippicha gefahren, um demonstrativ an der Beisetzung von Brüsewitz (»wie ein alttestamentlicher Prophet«) teilzunehmen. »Er starb an den Brandwunden seines Gewissens. Er ist ein Märtyrer« (Storck). Es waren nicht viele, die im EKD-Rat ohne Hintertürchen offensiv das SED-Unrecht und das Kirchen-Versagen ahndeten. Ich bereue heute, nicht noch stärker und lauter diesen Schmusekurs (auch gegenüber Stolpe) öffentlich gebrandmarkt zu haben. Für einen Auftritt blieb einem nur die Evangelische Nachrichtenagentur idea als öffentliches Sprachrohr, der kirchensteuerfinanzierte epd wurde ja bis zu dessen Entlassung von einem Stasi-Spitzel mitverantwortet. Unfassbar, das alles!

Natürlich musste sich die Kirche mit dem Stasi-Staat irgendwie arrangieren, so blöd bin ich nun auch nicht. Doch ist man entsetzt, wenn ein westdeutscher (!) Bischof später meinte: »Muss man für das Überleben der Kirche in einem totalitären Staat eintreten und zu diesem Zweck mit den Mächtigen sprechen, notfalls sogar mit dem Staatssicherheitsdienst verhandeln, dann bleiben die Hände nicht sauber. Aber saubere Hände kann sich in dieser Situation einer nur bewahren um den Preis, gegen seine Pflichten zu handeln, gegen den in seiner Ordination übernommenen Auftrag.« Klartext: Oskar Brüsewitz, Rainer Eppelmann, Matthias Storck, Uwe Holmer, Joachim Gauck, Richard Schröder – sie und viele mehr haben demnach ihr Ordinationsversprechen verraten. Was für ein später Sieg der Stasi! Albrecht Schönherr meinte noch als Altbischof, schreiben zu müssen, es sei »gefährlich«, von der DDR als »Unrechtsstaat« zu sprechen. Ich frage mich heute: Wie war das möglich, nachdem die evangelische Kirche kurz vorher die Nazi-Diktatur erlitten und die Bekennende Kirche zu Recht heroisiert hatte? Nie wieder ein Pakt mit dem Teufel! Doch schon ging's weiter im alten Mitmach-Trott; nicht nur im Osten!

Pfarrer Matthias Storck und der Publizist Ulrich Schacht haben später einen der höchsten Werte, mit denen man »in Führung« bleibt, praktizieren wollen: die Vergebung. Christliche Manager, Spitzenpolitiker, Sportler: Sie alle nennen die Vergebung den größten Wert ihres Glaubens, weil man ohne Vergebung, die nur Jesus Christus schenken und vermitteln kann, seelisch zugrunde geht – Täter *und* Opfer. Fehler machen – bei Gott erlaubt! Beim Pressepfarrer (!) bissen sie auf

Granit, Herz aus Stein. Er flüchtete zunächst in die Tiefgarage des epd. Dann faselte er etwas von »Angst und Scham«, jedoch keine einzige Silbe der Bitte um Entschuldigung. Die gepeinigten Verratenen verließen (sprach)gelähmt den Tatort, hatte der Kirchenmann doch viele Christen, deren Vertrauen er perfide erschlich, an ihre Folterer geliefert. Genauso verlief das »Gespräch« mit dem schlimmsten Dragoner ihrer furchtbaren Haft, einer gnadenlosen Stasi-Majorin in Berlin.

Aber man fragt sich: Was sind das für charakterlose Leute, die die Kirche ordiniert hat, während sie dem Chefredakteur von idea, Helmut Matthies, die Ordination wegen seines beherzten Einsatzes u. a. für die Wiedervereinigung unseres Vaterlandes aberkennen wollte. Das forderte öffentlich vor einer EKD-Synode ein führender Funktionär einer Landeskirche. Dabei weiß jeder Informierte im Protestantismus, dass es gerade mein Studienfreund Helmut Matthies ist, der sich wie kein anderer für Menschen einsetzt, die gescheitert sind oder Niederlagen erlitten haben. Auch wenn sie keine Christen oder anderer Meinung sind. Es ist eben suspekt, wenn man in einer Kirche, die die Bibel Jahr um Jahr Seite für Seite mehr außer Kraft setzt, das Wort Gottes unverfälscht auch im politischen Raum proklamiert. Die Fairness des damaligen EKD-Synoden-Präses Jürgen Schmude sei ausdrücklich gelobt!

Kreuz- und Querdenker

Christen sind unbequeme Kreuz- und Querdenker, weil sie Dynamit haben. Dynamit im doppelten Sinn. Die Bibel ist Sprengstoff wie das Dynamit von Alfred Nobel. Die Bibel sprengt unsere selbst gelegten Lebensfundamente mit einem

Schlag weg. Die Bibel zerreißt unsere heuchlerischen Masken. Sie ist wie ein Bombeneinschlag in das verlogene Glück unseres Lebens. Dynamit – Sprengstoff. Und Dynamis (griechisch) – Kraft, Energie, neudeutsch: Power. Wer bei Jesus und in seinen Worten bleibt, der bekommt eine Kraft, die selbst dem schärfsten Verfechter einer Ideologie die Haare zu Berge stehen lässt.

In einem sowjetischen Lexikon hieß es unter dem Stichwort »Bibel«: »Ein unwissenschaftliches Buch voller Märchen und Legenden, mit dem die Kirche im Westen die Menschen unterdrückt.« Wenn das stimmt, dann frage ich mich allerdings, warum man denn solche Angst vor den Jüngern dieses Herrn hatte, warum solche Angst vor der Bibel? In vielen islamisch regierten Ländern wie Saudi-Arabien ist sie sogar verboten. Sogar das Auswärtige Amt rät Reisenden, die Bibel lieber zu Hause zu lassen (statt die diplomatischen Beziehungen zu solchen Ländern abzubrechen!). Wenn das doch nur unwissenschaftliche Märchen sind, warum haben fundamentalistische Systeme davor solche Angst?!

Die Zensur der SED-Diktatur kam ganz schön ins Schwitzen, wenn in einer Kirchenzeitung das uralte Psalmwort abgedruckt war: »Mit meinem Gott kann ich über Mauern springen« (Psalm 18,30). Oder Gottes Weisung an Abraham: »Geh aus deinem Vaterland in ein Land, das ich dir zeigen will« (1. Mose 12,1). Klingt fast wie die damalige West-Zigaretten-Reklame »Go West!«. Und ich habe mir später plastisch vorgestellt, wie Pastor Uwe Holmer beim Essen mit Honeckers das Tischgebet gesprochen hat: »Herr, ich danke dir, dass du vor mir einen Tisch bereitet hast im Angesicht meiner Feinde« (Psalm 23,5). Das hat er natürlich nicht getan, aber man merkt: In diesem uralten Buch steckt Sprengstoff.

Warum macht man die Bibel nicht zur Pflichtlektüre, um endlich einmal darüber aufzuklären, wie schrecklich verlogen und autoritär dieses Buch doch ist; wie es die Leute in ihrem Denken und ihrem Handeln knebelt und knechtet, wie es manipuliert und das Weltbild »des alten weißen Mannes« kultiviert? Warum stattdessen Verbot der Bibel und Verfolgung der Christen? Ich kann Ihnen sagen, warum: Weil jeder Mensch, der sich einmal mit dem Wort Gottes beschäftigt, merkt, dass dahinter eine lebendige Kraft steckt. Eine Kraft, die das eigene Leben und auch die Zustände in der Welt verändern will. Das ist wahrlich Dynamit! Der Freiheits- und Menschenrechtsgedanke, das Welt- und Menschenbild der Bibel entziehen totalitären Systemen und ideologischen Religionen die Basis.

In der früheren Tschechoslowakei wurden Priester und Laien zu langen Haftstrafen verurteilt. Die Begründung lautete offiziell und lapidar: »Wer Kinder beten lehrt, religiöse Literatur verbreitet oder im privaten Kreis Gottesdienst feiert und die Bibel liest, macht sich eines Verbrechens schuldig.« Warum diese Angst vor Bibel und Gebet? Man merkte, dass die Freiheit des Evangeliums der Diktatur der Ideologie haushoch überlegen ist! Daran scheint sich nichts geändert zu haben. Es ist bezeichnend, wenn Linkspartei und FDP in Berlin für die Streichung staatlicher Zuschüsse an die »Arche« waren, weil in deren Suppenküche mit den Kindern ein Tischgebet gesprochen wird – oder die grün-rote Landesregierung in Baden-Württemberg die langjährige Tradition beendet, dass die »Gideons« in Polizeidienststellen Bibeln verteilen dürfen. Denn sie wissen nicht, was sie tun – oder doch?!

Während das Land der Reformation zu einer religiösen

Bananenrepublik degeneriert, fördert die Regierung des mittelamerikanischen Honduras die Verbreitung der Bibel. Anfang 2015 hieß es offiziell: »Wir bitten die Kirchen, Bibeln zu verteilen. Wir fühlen uns dazu aufgerufen, etwas gegen die Gewalt zu tun. Unser Land braucht die Rückbesinnung auf Gottes Wort.« Die aktuellen Fakten: Täglich werden in Honduras 20 Menschen umgebracht, das sind 85 Morde pro 100 000 Einwohner im Jahr. Die Bibelgesellschaft produziert jetzt spezielle Ausgaben für Militär, Polizei, Justiz und Strafvollzug. Nur in Schwaben hat die spezielle »Polizisten-Bibel« der Christlichen Polizeivereinigung (CPV) keine Chance … Ja, geht's noch?! Das, was Jesus Christus uns zu bieten hat, hat die großen Programme der Menschheitsgeschichte längst in den Schatten gestellt. Ob Marxismus, Kapitalismus, Humanismus, Liberalismus oder irgendeine menschengemachte Religion. Dieser exklusive Anspruch von Jesus Christus ist einzigartig und überstrahlt alles.

Ein Berufsverbot für Sankt Nikolaus sollte es in NRW-Kindergärten geben, weil viel zu heilig für staatlich-neutrale Institutionen, wie der Chef der Linkspartei meinte. Ausgerechnet die Muslime retteten ihn, weil er in seinem Sozialverhalten ein leuchtendes Beispiel für alle Menschen ist. Keine Rettung gab es beim Berufsverbot des engagierten christlichen ÖDP-Politikers Markus Hollemann. Der kompetente Fachmann sollte auf Wunsch der CSU Umweltreferent in München werden. Bis bekannt wurde, dass er einem Verein für Lebensschutz und gegen Abtreibung angehört und einen Verband gegen Christenverfolgung unterstützt. Für SPD, Grüne und FDP war Schluss mit lustig, er sei »ein fanatischer Christ«. Was also vor zehn Jahren noch normal kirchliche und auch gesellschaftliche Position war, ist heute rechtsradikal oder gar faschistisch (so die FAZ). Den Linken ist es gelungen, das Meinungsspektrum um Lichtjahre zu verschieben. Markus Hollemann zog resigniert zurück: Man müsse den Eindruck gewinnen, dass bestimmte Posten nicht mehr mit Christen besetzt werden sollen. Gehört das Christentum noch zu Deutschland?

Im März 2015 wurde glasklar deutlich, wie Glaubens- und Bildungsnotstand zwei Seiten derselben Medaille sind. Im niederbayerischen Essenbach durfte ein Kinderhort nicht »St. Josef« heißen, weil eine türkischstämmige SPD-Gemeinderätin sich in ihren religiösen Gefühlen verletzt sah. 16 zu acht scheiterte der Heilige im Stadtparlament. Eine herbe Niederlage für Glauben und Verstand. Bekloppt! Josef bekannte sich zu seiner Verlobten Maria, obwohl ihr Junge Jesus ein »Kuckuckskind« war. Er begleitete die hochschwangere Braut nach Bethlehem zur Volkszählung und flüchtete mit beiden unter Lebensgefahr vor dem Kindermörder Herodes nach Ägypten. Wenn das kein Vorbild ist?! Mein Schlusssatz in der »Bild am Sonntag«: Erst denken, dann abstimmen!

Europa eine Seele geben

Während steuerfinanzierter Klerus unterer Kategorie die Wahrheiten der Bibel politisch korrekt und dem Zeitgeist unterworfen umbiegt wie einst Uri Geller die Löffel, hat Papst Franziskus bei seiner von links bis rechts hochgelobten Rede vor dem Straßburger Europaparlament am 25. November 2014 die Bedeutung eines bibelbegründeten Glaubens in und für Europa betont. Europa ist ja kein Kontinent im klassischen Sinn, abgeschlossen wie Afrika oder Australien. Europa ist eine christliche Wertegemeinschaft, deshalb liegt die Grenze zu Asien am Bosporus. Das bedeutet keine Abwertung anderer Religionen oder Weltanschauungen, das ist eine historische Tatsache. »Europa eine Seele geben«, war das Anliegen der großen Nachkriegseuropäer wie Konrad Adenauer oder Robert Schuman. Diese Seele droht zu verkümmern, so Papst Franziskus. Europa sei müde und alt geworden und komme ihm vor »wie eine Großmutter, die nicht mehr fruchtbar und lebendig ist … und verängstigt in sich selbst verkrümmt ist«. Verletzt und pessimistisch wirke Europa, ohne Lebenskraft und Energie. Ein solches Europa sei nicht in der Lage, seine eigenen Probleme zu lösen und seine Verantwortung in einer globalisierten, dynamischen und immer weniger eurozentrischen Welt wahrzunehmen.

Deshalb war es keine fromme Pflichtübung eines Kirchenmannes, sondern der Appell eines gebildeten Zeitgenossen, als er den EU-Parlamentariern ins Stammbuch schrieb: »Europa muss seine Seele wiederfinden. Sein christliches Erbe ist kein museales Vermächtnis der Vergangenheit, sondern ein Schatz, der der gesamten Menschheit zu erschließen ist.« So wichtig nimmt der erste außereuropäische Papst der Neuzeit unseren Kontinent. Europa hat eine »Sendung für die Menschheit« – Worte, die wir aus unserer geduckten Haltung des Gutmenschentums kaum mehr zu sagen wagen. Eine starke Botschaft voller Hoffnung, ausgesprochen von einem Lateinamerikaner, der ohne ein sprachpolizeiliches Gutachten der politisch Korrekten weiß, was die Welt Europa zu verdanken hat. Weiß es ein Land, das »seinen« Reformator Martin Luther groß feiert, auch noch?

Europa habe seine Berufung in fortschreitender Altersdemenz vergessen, so Papst Franziskus. »Wir brauchen ein Europa, das sich nicht um die Wirtschaft dreht, sondern um die Heiligkeit der menschlichen Person!«

Exakt (!) sieben Jahre vor dem Fall der Mauer, am 9. November 1982, hat der legendäre Papst Johannes Paul II., ein messerscharfer Antikommunist von revolutionärer Kraft, in Santiago de Compostela prophetisch gesagt: »Kehr um, Europa! Finde wieder zu dir selbst! Trotz blutiger Konflikte zwischen den Völkern, die das Leben des Kontinents erschütterten, muss man nach zwei Jahrtausenden unserer Geschichte zugeben, dass die europäische Identität ohne das Christentum nicht verständlich ist.« Alles, was Europa ausmacht, sei christlich. Dass ein deutscher Promi-Katholik 30 Jahre später mal sagen würde: »Der Islam gehört zu Deutschland« – für einen intelligenten, geschichtsbewanderten Papst sicher ein Irrsinn zum Quadrat! »Schließlich decken sich die europäischen Grenzen mit dem Verbreitungsgebiet des Evangeliums.«

Nachfolger Benedikt XVI. sagte 2010 am selben Ort, der inzwischen für Manager, Schauspieler, Sportler und andere auf dem Jakobsweg wallende Promis zum Inbegriff von öffentlicher Meditation und Selbstfindung (im Idealfall auch Gott-Findung!) wurde: »Europa muss sich Gott öffnen, sonst ist es verloren. Gott allein ist absolut und das Ziel. Gott allein genügt.« Entsprechende evangelische Stimmen muss man mit der Lupe suchen. Luthers Erben sind viel zu zaghaft, zu sehr um Tagespolitik mit Linksdrall bemüht, wie der Vorsitzende der Internationalen Martin Luther Stiftung, der weltweit tätige Journalist und Unternehmensberater Michael Inacker, kritisiert: »Der Rückzug der christlichen Religion in Deutschland ist in vollem Gange. Wir Christen werden im Jahr 2050 dafür dankbar sein, wenn man uns wenigstens in Ruhe lässt. Doch die Kirchenleitungen haben längst den Blick für die Prioritäten verloren … Wer beruflich viel in islamischen Ländern unterwegs ist, weiß, wie sehr man bei muslimischen Gesprächspartnern auf Interesse stößt, wenn man sagt, dass man überzeugter Christ ist« (idea Spektrum 4/2015).

Der frühere Oberkirchenratspräsident von Mecklenburg, Prof. Menno Aden, sagte 2014: »Die Landeskirchen sind geistlich völlig ausgezehrt. Das Erbe Luthers und der Reformatoren ist verbraucht. Sie wissen nicht mehr, was sie glauben oder verkündigen sollen. Indessen besetzt der Islam eine Position nach der anderen …« Für ein weltweit unüberhörbares Zeugnis brauchen wir die »Ökumene der Glaubenden«, ohne dass wir das Konfessionstrennende durch peinliche Anbiederei verharmlosen. Ich bin bewusst ein pietistischer Lutheraner in der weltweiten Gemeinschaft der Christen, der sich jedoch im Frühjahr 2015 im Vatikan gefreut hat, wie glasklar die Handvoll Männer, die die katholische Weltkirche führen, Luther und die Reformation inzwischen beurteilen! Er hat Europa die Seele gegeben, indem er die Grundurkunde für jedermann lesbar machte: die Bibel. Dabei gilt das schöne Zitat des katholischen Ministerpräsidenten von Sachsen-Anhalt, Reiner Haseloff (CDU), warum er das Lutherjubiläum »toll mitfeiern« wird: »Martin Luther ist katholischer als wir Katholiken heute. Er hat sich bekreuzigt, er hat das Magnifikat gebetet und die Deutsche Messe gesungen, er hat gebeichtet.« Ein Vorbild für Europa!

Scheitert der Euro, scheitert Europa?

Das Friedensprojekt Europa droht zu scheitern, weil man in atemberaubender Eile die (über)lebenswichtigen Wurzeln kappt und Gesetze beschließt, bei denen die EWG-Gründergeneration im Grabe rotiert. Sterbehilfe, Abtreibung, Embryonenforschung, Gender … nicht mehr der Hauch von Christentum. Und Deutschland bringt es durch sein Verfassungsgericht fertig, das Kreuz in öffentlichen Gebäuden zu verbieten, den Musliminnen jedoch das fundamentalistische Unterdrückungs-Textil namens Kopftuch zu erlauben, als handele es sich um einen folkloristischen Tirolerhut. Zu Recht fragt ein ehemaliger Richter: Wer schützt eigentlich unser Grundgesetz vor dem Verfassungsgericht?! Im Klartext heißt das Karlsruher Urteil vom März 2015 nämlich, dass Schüler gegen das Kruzifix in ihrer Klasse vorgehen können. Religions-Allergiker dürfen sich auf »negative Religionsfreiheit« berufen. Genau das geht beim Kopftuch jetzt nicht mehr. Gegen islamische Glaubensbekundungen ihrer Lehrerinnen sind Schüler und Eltern machtlos. Das Kopftuch steht also in dem Land, zu dem angeblich der Islam gehört, über dem Kreuz. Ja, geht's noch?!

Wenn bald alle Wurzeln weg sind, die der Ehrenbürger Europas, Helmut Kohl, als eindeutig christlich beschrieb, bleibt nur noch der kalte Materialismus: Scheitert der Euro, scheitert Europa. Die wahre Niederlage Europas ist der Verlust seiner ideellen Werte, »der Abfall des Menschen von Gott« (Vaclav Havel). Die USA beflügelt ein (für uns oft irritierendes) geradezu biblisches Sendungsbewusstsein, dem Reich des Bösen die Freiheit zu bringen. Europa bewegt nur noch der Euro, wir haben die einst christliche Wertegemeinschaft auf zwei Silben und die Großbanken reduziert. Europa hat sein Thema verloren und mit ihm die Seele.

Der wahre Reichtum liegt jedoch woanders. Europa müsse seine Wurzeln wiederfinden, seine Amnesie überwinden und sein Gedächtnis auffrischen, meinte Papst Franziskus in Straßburg. »Dann wird es unvermeidbar auf das Christentum stoßen, das aus einem Kontinent vieler Völker, Sprachen und Kulturen einst das formte, was wir heute wehmütig Abendland nennen.« Es war keine Grabrede auf Europa, sondern der Weckruf eines Mannes »vom anderen Ende der Erde«, der seine elterlichen Wurzeln in Italien nicht verleugnet: »Mein Wunsch ist, dass Europa mit der Wiederentdeckung seines historischen Erbes und der Tiefe seiner Wurzeln jene geistige Jugend wiederfindet, die es fruchtbar und bedeutend gemacht hat.« Es ist deshalb richtig und zeugt von historischer Bildung, wenn man einen (christlichen!) Gottesbezug in der Präambel der europäischen Verfassung fordert!

Ähnlich verhält es sich mit unserem Grundgesetz, der freiheitlichsten Verfassung der Welt. Dessen Präambel haben die Mütter und Väter 1948 bewusst einen religiösen Bezug gegeben: »Im Bewusstsein seiner Verantwortung vor Gott und den Menschen«. Das bedeutet jedoch keinerlei Klerikalisierung weltlicher Politik, denn die Bibel ist weder Scharia noch Ideologie. Der Gottesbezug entsprang dem Schrecken einer Diktatur ohne Gott, die unfassbares Leid über die Menschheit brachte. Nicht die Plattitüde »Nie wieder Krieg!« leitete die Männer und Frauen der ersten Stunde unseres demokratischen Deutschlands. Sie wollten gleich zu Beginn unmissverständlich festlegen: Nie wieder eine Gesellschaft ohne Gott, wo Menschen sich vergöttern lassen und Politik ohne ethisches Fundament und letzte Verantwortung betrieben wird.

Damit ist auch ein für alle Mal klar: Religion ist keine Privatsache, sosehr auch die Trennung von Staat und Kirche gilt. Dass linksliberale Kräfte ständig betonen, christlicher Glaube solle sich aus der Politik heraushalten, mag eine schöne Ideologie sein, hat aber mit dem Grundgesetz wenig zu tun. Und es wird niemand allen Ernstes behaupten, mit »Gott« in der Verfassung hätten die Verfasser 1948 Allah, Mohammed, Buddha, Konfuzius oder den Dalai Lama gemeint. Nein, es geht um den Gott der Zehn Gebote und der Bergpredigt. Das will vielen heute nicht behagen in unserem Bildungskatastrophen-Land, in dem der Geschichtsunterricht höchstens bis zum Zweiten Weltkrieg kommt. In einer »Diktatur des Relativismus« (Papst Benedikt XVI.) scheint der atheistische Fundamentalismus bei geschichtsvergessenen Bürgern die besseren Karten zu haben.

Ausgerechnet Bodo Ramelow, der erste Ministerpräsident, den die Linkspartei stellt, hat zur Geltung des Gottesbezuges einen (unfreiwilligen?) wichtigen Dienst geleistet. Als er nach seiner Wahl am 5. Dezember 2014 auf die Verfassung des Freistaates Thüringen vereidigt wurde, wies ihn der Landtagspräsident darauf hin, er möge bitte die vorgesprochenen Worte wiederholen und könne das Ganze abschließend durch die religiöse Formel »So wahr mir Gott helfe!« bekräftigen. Doch das tat Ramelow, ein unbestritten bekennender Christ in einer weithin atheistischen Partei, zu aller Überraschung nicht. Es entstand die Pause einer gefühlten Ewigkeit. Anschließend begründete Ramelow, er habe das aus Rücksicht auf die muslimischen Mitbürger getan und halte seinen Glauben ohnehin für eine Privatsache, die mit dem Amtseid nichts zu tun hat.

Damit stellt ausgerechnet ein Linken-Politiker klar, was bis in die CDU hinein bestritten bzw. politisch korrekt uminterpretiert wird: Mit Gott meinten die Verfassungsväter und -mütter also keineswegs einen anderen oder gar ein allgemeines »höheres Wesen« wie die Katze auf dem Dach, sondern den Vater von Jesus Christus. Richtig, Herr Ramelow! Was die Rücksicht angeht, liegt er jedoch total falsch, bewirkt sogar das Gegenteil. Überzeugte Muslime spotten doch nur, wenn man seinen eigenen Glauben aus falsch verstandener politischer Korrektheit verleugnet bzw. entschärft. Er habe wohl im Konfirmandenunterricht gefehlt, spottet der jüdische Publizist Henryk Broder, als Ramelow forderte, Christen, Juden und Muslime sollten »ein gemeinsames Gebet aus dem gemeinsamen Vorrat der abrahamitischen Religionen« singen. Broder lapidar: »Jeder diene seinem Gott und lasse die anderen in Ruhe ihrer Wege gehen. Zum Wesen jeder Religion gehört der Wahrheitsanspruch und dass man sich von den anderen abgrenzt. Das ist eine der Säulen der Religionsfreiheit.« So kann Gutmenschen-Toleranz schnell zu Dummheit werden.

Ernsthafter Dialog und Toleranz sind doch nur dann möglich, wenn die Standpunkte klar sind. Um die Wahrheit kann man nur ringen, wenn das Gegenüber keine falschen Rücksichten nimmt. Gerade Muslime wollen von Christen keine Beliebigkeit, sondern Bekenntnis. Deshalb klingt es zwar rührend, ist jedoch unglaubwürdig, wenn man als Spitzenpolitiker sonntags in den Gottesdienst geht und freitags beim Amtseid auf den Gottesbezug verzichtet. Das Gleiche gilt für die Abschaffung von Krippenspielen und Nikolaus und die Umbenennung von Weihnachtsmärkten und Osterfeuer. Wer das tut, meint es nicht gut, sondern ist schlicht dumm und erreicht das Gegenteil. Dann bleibt als »Goldenes Kalb« nur noch der Euro, um den getanzt wird wie einst auf der Titanic. Muslime haben dafür nur Verachtung. Übrigens ist nicht antieuropäisch, wer die Währung infrage stellt und die Scharia bekämpft, sondern wer schweigend duldet, dass Weihnachtsmärkte in Wintermärkte umbenannt werden und dass man den Nikolaus (NRW-Linkspartei) verbieten will. Doch damit rottet man die Sehnsucht nicht aus! Wer einmal dabei war, wie in der »Alten Försterei«, dem Stadion von »1. FC Union« im atheistischen Berliner Osten, zum Advent Tausende (2014: 27500!) mit Tränen in den Augen Weihnachtslieder singen, der spürt etwas von der Strahlkraft der Frohen Botschaft in den Herzen, die keine Gutmenschen-Feuerwehr der politisch Korrekten je auslöschen kann.

Starker Islam, schwaches Christentum

Wohin es führt, wenn wir das tragende Fundament und die christlichen Wurzeln unseres Rechtsstaates aufgeben, zeigt die Naivität im Umgang mit dem Islam. Diese Religion hat einen klaren politischen Anspruch, der solche Auswüchse wie Scharia-Polizei oder, im Islamismus als fundamentalistischer Ideologie, gar Terror mit sich bringt. Klar, die meisten Muslime in Deutschland sind gut integriert und gehören zu uns. Sie lehnen Gewalt genauso ab wie Christen oder Buddhisten und sind entsetzt, die anatolische Steinzeit in Berliner Hinterhofmoscheen wiederzufinden. Zwei junge türkische Spediteure aus Neukölln sahen bei mir die Bücher von Heinz Buschkowsky (»Das ist *unser* Bürgermeister!«) und versicherten mir in einem langen Gespräch: »Dieser Mann hat 100 Prozent recht in seiner Kritik an der verfehlten Integrationspolitik und dem gescheiterten Multikulti – na ja, 99 Prozent.«

Da wir denken, Muslime gingen mit ihrer Religion genauso gleichgültig und selbstzerstörend um wie wir mit der unsrigen, sind wir plötzlich überrascht, wenn es anders ist. Das islamistische Attentat auf ein französisches Satireblatt im Januar 2015 mit zwölf Toten versuchten viele Wohlmeinende bei uns vom Islam zu lösen. Selbst fromme Kreise wollen den Islam nur noch als Friedensreligion sehen. Sogar der Bundesinnenminister meinte, das habe mit Religion nichts zu tun. Wie blind muss man denn noch sein, fragte daraufhin der Chefredakteur des liberalen »Cicero«. Auf den Punkt gebracht: »Islam ist nicht Islamismus, aber Islamismus ist immer Islam«, so der Theologe und einstige Spitzenmann des landeskirchlichen Pietismus, Christoph Morgner. Nicht Islamophobie ist das Problem, sondern so irre Sätze wie: »Das hat doch mit dem Islam nichts zu tun«, wenn der Terror wieder zugeschlagen hat.

Ende 2014 kommentierte die FAZ treffend: »Der Massenzulauf, den Demonstrationen haben, die sich gegen die ›Islamisierung des Abendlandes‹ richten, wird hoffentlich all diejenigen ins Grübeln bringen, die glaubten, Religion habe nichts mit Integration (also praktischer Politik / P. H.) zu tun. Nur weil wir im säkularisierten Europa leben, heißt das noch lange nicht, dass die Rückkehr der Religion, auf welchem Wege auch immer, einfach für unzulässig oder irrelevant erklärt werden könnte. Bislang haben weder Politik noch Kirchen darauf eine Antwort, die über den Tag hinausweist.« Der frühere Ratsvorsitzende der EKD, Bischof Wolfgang Huber, analysierte in der liberalen ZEIT klarsichtig: »Was Christen heilig ist, wird in zeitgenössischen Operninszenierungen regelmäßig verhöhnt. Nur dem Islam zollt man noch Respekt ... Solange es nicht um den Islam geht, scheint das Heilige Regisseuren wie Publikum inzwischen egal zu sein ... Die Christen sollten deshalb ihre eigenen religiösen Überzeugungen wieder ernst nehmen. Dann würden religiöse Tabubrüche auch bemerkt, wenn es nicht um den Islam geht! Der Islam kann schließlich nicht zur einzigen Religion werden, mit der man in Deutschland respektvoll umgeht – und das auch noch aus Angst.« Der weltweit agierende Wirtschaftsfachmann Michael Inacker meint: »Unser Problem mit dem Islam – jenseits des Terrorismus – ist unser Verstecken, das Kleinmachen, die Suche nach falschen Verbündeten.«

Der große Journalist und Kenner des Nahen Ostens, Peter Scholl-Latour, hat recht, wenn er aus Jahrzehnten Berufserfahrung bilanzierte: »Ich fürchte nicht die Stärke des Islams, sondern die Schwäche des Christentums.« Kaum eine Religion dieser Welt gibt sich so auf wie das Christentum. Samuel Huntingtons 1996 erschienenes Buch »Clash of Civilizations«, in dem er fast prophetisch den Kampf der Kulturen vorhersagt, irrt leider an entscheidender Stelle: »Das Problem für den Islam sind nicht der CIA oder das US-amerikanische Verteidigungsministerium. Das Problem ist der Westen, ein anderer Kulturkreis, dessen Menschen von der Universalität ihrer Kultur überzeugt sind.« Selbst ein »Schwarzmaler« wie Huntington konnte nicht ahnen, wie finster es um das einst lebendige Christentum stehen würde!

Die Kirchen selbst sägen unbekümmert am Ast, auf dem sie sitzen. Die FAZ sezierte Ende 2014 messerscharf die Selbstsäkularisierung. Wer seine Hoffnung auf Strukturveränderungen und sprudelnde Steuereinnahmen setze, führe die Kirche auf dem Niveau einer Müllverbrennungsanlage. Es sei alles nur noch Fassade – zum Scheitern verurteilt, wenn man nicht endlich das Zentrum des Glaubens zum Herzstück mache. Einer der scharfsinnigsten Theologen der Gegenwart, der Tübinger Eberhard Jüngel, spricht von »Herzrhythmusstörungen, die eine Kirche hat, die keine Mission mehr betreibt«. Klar: Wer den Glauben zur unverbindlichen Wellness-Ramschware degradiert, braucht sich nicht zu wundern, wenn sich die Leute in Notzeiten andere Götter suchen. Sie wollen von der Kanzel nichts über Stromtrassen hören, sondern die Frage beantwortet bekommen, wo eine Energiequelle zu finden ist, auf die im Leben und im Sterben, in Niederlagen und Erfolgen Verlass ist.

Und diese Antwort kann ja wohl nur lauten: Seines eigenen Glaubens gewiss werden, um wahrhaft tolerant und nicht oberflächlich beliebig zu sein. Den eigenen Glauben kennen und bekennen, darauf kommt es an. Toleranz schreiben die meisten Gutmenschen allerdings mit Doppel-l: Sie finden alles toll. Wenn jedoch alles gleich gültig ist, ist bald alles gleichgültig. Meine Erfahrung: Je eindeutiger ich mich als Christ bekenne und zu meinem Glauben auch intellektuell stehe, desto ernster werde ich von denen genommen, die ihn mit Argumenten zu bekämpfen drohen. Es gilt, mit dem Islam auf Augenhöhe zu streiten, das heißt als überzeugter, zumindest aber kundiger Christ eines Landes mit christlicher Verfassungspräambel.

Präambel ist kein Vorwort, sie ist Vorsatz: Von diesem

Satz hängt alles Folgende ab, die Menschenwürde und die Menschenrechte, die Meinungs- und Religionsfreiheit, die Gleichwertigkeit von Mann und Frau und die Gleichheit vor dem Gesetz. Streiche ich den Vorsatz, wie heute dümmlich in naiver Political Correctness gefordert wird, zerstöre ich das Fundament der Werte, die auf diesen Worten aufbauen. Deshalb ist es ein historischer Fehler von ideologischer Qualität, auf »Gottesbezüge« in der EU-Verfassung oder neuerdings des Landes Schleswig-Holstein zu verzichten. »Der freiheitliche, säkularisierte Staat lebt von Voraussetzungen, die er selbst nicht garantieren kann«, lautet der viel zitierte Satz des Verfassungsrechtlers Ernst-Wolfgang Böckenförde.

Ohne Bibel alles Bahnhof

In Europa heißt diese Voraussetzung: christlicher Glaube, göttliche Bibel. Nur von hier kommen Werte, mit denen man in Führung bleiben kann. Immer mehr Menschen in Verantwortung, von der Familienunternehmerin bis zum Lehrer, vom Familienvater bis zur Jugendleiterin, erkennen das, gerade in der intellektuellen Auseinandersetzung mit dem Islam oder der praktischen Bewältigung von Scheitern und Niederlagen. Theodor Heuss, erster deutscher Bundespräsident und ein in der Wolle gefärbter liberaler Agnostiker, antwortete in philosophischer Präzision auf die Frage, was die Grundlagen Europas seien: »Europa beruht auf drei Säulen. Es gibt drei Hügel, von denen das Abendland seinen Ausgang genommen hat: Golgatha, die Akropolis in Athen, das Capitol in Rom. Aus allen ist das Abendland geistig gewirkt und man darf alle drei, man muss sie als Einheit sehen.« Nimmt man eins der drei »Beine« weg, so bricht alles in sich zusammen. Golgatha, die Kreuzigung von Jesus Christus, war ja nicht dessen Ende, sondern der Anfang eines Feuers, das wie ein Flächenbrand der Liebe alle Welt erreichte. »Christentum ist Brandstiftung«, meinte der Philosoph Sören Kierkegaard. Und die zentrale Glaubensurkunde, die Bibel, »ist nicht dazu da, dass wir sie korrigieren, sondern dass sie uns immer wieder korrigiert«.

»Ohne Bibel verstehen Sie nichts in Europa«, titelte die liberale Wochenzeitung DIE ZEIT vor einigen Jahren. Keine Kunst und Kultur, keine Musik, noch nicht einmal Sprichwörter und Volksweisheiten. Selbst den Kommunisten Bert Brecht kann man nicht ohne Bibelkenntnisse lesen, geschweige denn Goethe, Schiller oder Thomas Mann. Von einem Rembrandt-Bild oder einem Chagall verstehen Sie Bahnhof, wenn Sie die biblischen Motive der großen Maler nicht entschlüsseln können. Bei Johann Sebastian Bach sind Sie vollends aufgeschmissen. Wenn einem im europäischen Kulturkreis etwas an die Nieren oder zu Herzen geht, was größte Betroffenheit bedeutet, so liegt das daran, dass das Alte Testament in beiden Organen das Zentrum des Menschen sieht. Sein Licht nicht unter den Scheffel stellen, dem anderen ein Judas sein, kein verlorener Sohn werden …: Alles nur zu verstehen, wenn man die Bibel kennt. Die Band »Boney M.« erfährt eine Blüte und in Kult-Karaoke-Discos schmettert man das alte »Rivers of Babylon« mit der zentralen Zeile »When we remembered Zion«. Das ist pure Bibel. Das Volk wird dumm gehalten, wenn man es um dieses Buch betrügt.

Die FAZ überschrieb im Dezember 2013 einen fast ganzseitigen Artikel über die Personalentscheidungen auf dem Kölner CDU-Parteitag mit der Schlagzeile »Die Vorletzten werden die Letzten sein«. Damit fasste der Autor das ganze komplexe und komplizierte Geflecht in einem Satz zusammen, was jedoch nur der versteht, der die Bibel kennt und die Verheißung von Jesus Christus: »Die Letzten werden die Ersten sein.« Da es sich um den bekennenden Christen und das langjährige EKD-Ratsmitglied Hermann Gröhe handelte, war diese Titelzeile in jeglicher Hinsicht genial. Die ältere Journalisten-Generation schüttelt so etwas noch aus dem Ärmel, jüngere Kollegen schreiben schon mal, der Priester habe in der evangelischen Messe den ökonomischen Segen gespendet ...

Wir erleben mitten im Land der Reformation eine Deformation der Bildung wie in keinem anderen Staat. Der Geschichtsunterricht geht höchstens bis zum Zweiten Weltkrieg, sodass Gymnasiasten Erich Honecker für einen Bundeskanzler halten. Und der religiöse Grundwasserspiegel ist bereits wie das Tote Meer unter dem Meeresspiegel. Denn die Protestanten haben weder Messen noch Priester und ökumenisch ist nicht ökonomisch. Der langjährige hannoversche Bischof Horst Hirschler bekam einmal einen Anruf von RTL, man habe da »so was von Geboten in der Kirche gehört«. Der anrufende Reporter rief dann fröhlich und hörbar in seine Konferenz: »Hey, Leute, ich hab da einen Bischof an der Strippe, der hat sogar gleich zehn Gebote und mailt die uns gleich mal rüber!« Dass mit solcher Bildungselite unsere viel beschworene europäische Kultur »über den Jordan geht« (stammt auch aus der Bibel!), wundert einen nicht.

Es ist ein Verbrechen an der Bildung, den Religionsunterricht einfach abzuschaffen, weil das doch alles Privatsache sei. Es wird schlichtweg ausgeblendet, welche Bedeutung die Bibel oder christliches Liedgut auf unsere Kultur haben. Nur einige Beispiele: Eines der wichtigsten Rituale unseres Staates zur Verabschiedung verdienter Politiker oder dem Gelöbnis unserer Soldaten ist der Große Zapfenstreich. Zentrale Passage ist das Kommando »Helm ab zum Gebet!«. Dann wird der Choral von Gerhard Tersteegen gespielt: »Ich bete an die Macht der Liebe« (im Soldatenjargon: »Ich bete an des Nachbars Liese«). Mit dieser Liebe ist kein Wohlgefühl à la Rosamunde Pilcher oder Mahatma Gandhi gemeint, der Text geht weiter: »... die sich in Jesus offenbart!« Ja, da ist von keiner allgemeinen Gottheit die Rede, nicht vom »abrahamitischen Gott der drei Weltreligionen«, es geht in einem staatlichen (!) Zeremoniell glasklar um den Vater von Jesus Christus!

Diese Gleichsetzung haben wir auch in der wohl heiligsten Zeremonie, die unser deutsches Staatsprotokoll kennt: die Gedenkstunde zu Ehren der ermordeten Widerstandskämpfer und Hitler-Attentäter jeweils am 20. Juli eines Jahres im Berliner Bendlerblock. Zum festen Bestandteil gehört, auf dem Programm unter dem Bundesadler abgedruckt, ein Choral, den das Musikkorps der Bundeswehr spielt. Spätestens hier muss man mit Blindheit geschlagen sein, wenn man etwas anderes als den Vater von Jesus Christus hinter dem Gott unserer Verfassung vermutet. Wie absurd ist es, von dessen Glaubensurkunde, der Bibel, nichts zu wissen bzw. sie in die Privatsphäre einer Schublade zu verbannen. Oder deren Verteilung in Stuttgarter Behörden zu verbieten, statt sie zu befördern. In der liberalen Schweiz werden zum Beispiel Polizeibeamte in Anwesenheit von Bischof und

Staats- oder Kantonalspitze in Kirchen vereidigt, wie ich es in der Kathedrale von Sitten/Wallis Anfang März 2015 erlebt habe.

Jedes Jahr nehme ich als bekennender Biathlon-Fan am Weltcup in Ruhpolding teil, wo sich der ganze Ort zwei Wochen Urlaub nimmt, um ehrenamtlich dieses gigantische Ereignis auf die Beine zu stellen. Wenn ich von der Tribüne am Schießstand die Fahnen sehe, so hat jede zweite ein Kreuz. Was für eine klare Demonstration dessen, was man aus der Historie »christliches Abendland« nennt! Am UNO-Gebäude am New Yorker East River wehen die Flaggen der 196 Mitgliedsstaaten. Fast ein Drittel hat religiöse Symbole, davon die Hälfte das christliche Kreuz. Wenn nun im Berliner Bezirk Kreuzberg ohne Widerstand der »christlichen« Kirchen so langsam alles Christliche verbannt wird, war mein Aufruf in der »Bild am Sonntag«: Dann ändert doch wenigstens Euren Namen, denn der stammt bestimmt nicht vom nahen Autobahnkreuz!

Allein an diesen banalen Beispielen erkennen wir, wenn wir den Kopf nicht nur zum Essen haben, dass Europa vom Gott der Zehn Gebote und der Bergpredigt geprägt ist. Die biblischen Bezüge sind mit Händen zu greifen. Deshalb ist es historischer Nonsens, ernsthaft zu behaupten, der Islam gehöre zu Deutschland. Die Muslime, soweit sie sich im Rahmen des Grundgesetzes bewegen, gehören dazu, wie Bundespräsident Joachim Gauck es richtig sagt. Aber die Religion hat keinerlei Prägekraft auf Geschichte, Kultur und Wertekanon Europas. Vielleicht noch nicht, wenn wir nicht aufpassen und selbstbewusst unsere Wurzeln verteidigen. Das Gutmenschentum politischer Korrektheit hat dort etwas naiv Gefährliches, wo man die Seele Europas für das »Linsengericht« (auch O-Ton Bibel!) angeblicher Toleranz verkauft. Anders der doch allseits gefeierte Staatsmann Helmut Schmidt (SPD). Der Exkanzler hält die Integration muslimischer Kulturen in Deutschland für kaum machbar: »Bei den Türken sehe ich ein Problem.« Wäre er bei der AfD, der Kölner Dom würde seine Beleuchtung ausschalten, käme er in die Stadt … Die Meinungspolizei ist wenig konsequent.

Es sind ja nicht nur alte Bilder und Bücher und die klassische Musik, die mangels Christen-Kenntnis auf dem Spiel stehen. Unsere Rechtskultur ist von der Bibel geprägt, die Ethik von Medizin und Wissenschaft. Dass im abendländischen Kulturkreis unterlassene Hilfeleistung ein Straftatbestand ist, hat mit dem Gleichnis vom barmherzigen Samariter zu tun. Auch der Umgang mit ungeborenem oder pflegebedürftigem Leben ist bei uns ohne die Tradition des christlichen Glaubens nicht zu denken. Werfen wir den über den Haufen, hat das nicht nur persönliche, sondern gesellschaftliche Konsequenzen. Dann wird zum Beispiel der Wert eines Menschen an seinen Leistungen gemessen, Scheitern wäre der Super-Gau, und Barmherzigkeit und Nächstenliebe sind private Hobbys. Jesus Christus ist also relevant und ein Garant für das, was Europa ausmacht. Und er ist nicht ohne Folgen auszutauschen oder zu leugnen.

Spießbürger des Relativismus

Wir können uns mit diesem Herrn sehen lassen. Gerade in den geistigen Auseinandersetzungen unserer Zeit. Denn unser Herr ist die Wahrheit. Sein Wort ist die Wahrheit. Wer nach dieser Wahrheit sucht, der ist ein kluger Mensch. Da ist die alte Oma, die in der Bibel liest und an das Wort Gottes glaubt, für mich ein denkender Mensch. Auch wenn sie kein Abitur hat, keine Hochschulbildung, keine Reiseerfahrung. Sie ist ein kluger Mensch.

Dumm ist die ganze aufgeblasene Pseudointelligenz, die nach ein paar Jahren Gymnasium meint, uns spöttisch lächelnd in die Mottenkiste des Mittelalters stecken zu können. Christen, die bei Jesus bleiben, sind progressive Leute und nicht die letzten Fußkranken der Völkerwanderung. Und nach denen sucht man heute. Das sind Leute, die sich herausfordern lassen. Die bereit sind, nachzudenken, Neues zu denken und dann auch umzudenken. Die sich provozieren lassen von der Wahrheit des Evangeliums. Reaktionäre Spießbürger dagegen sind die, die sich auf dem Plüschsofa ihrer selbst gesetzten Weltanschauung räkeln und dauernd Angst haben, sich von der Bibel herausfordern zu lassen. Leute, die bei Jesus bleiben – verbindlich im Glauben –, die haben keinen Grund, sich zu verstecken und den Kopf einzuziehen. Im Gegenteil! Es gilt der Satz des dänischen Philosophen Sören Kierkegaard: »Ein Spießbürger ist der, der ein absolutes Verhältnis zu relativen Dingen hat«.

Wer Glück, Gesundheit, Geld und Karriere als letzte Maßstäbe seiner Wertsetzung und Wertschätzung hat, ist ein armer Trottel. Dies alles kann einem in einer Sekunde genommen werden. Ein absolutes Verhältnis zu relativen Dingen ist Dummheit zum Quadrat! Die einzige denkerische Grundfrage muss doch lauten: Was hilft und hält, was ist und bleibt, wenn einem das alles genommen wird? Wie werde ich mit meinem Scheitern fertig, wie mit Krankheit und Sterben, mit Pleiten und Misserfolgen? Deshalb hat Papst Benedikt XVI. die tiefsinnigste Zeitanalyse geliefert, als er vor einer »Diktatur des Relativismus« warnte. Wenn nämlich alles relativ ist und ich das Relative sogar noch absolut setze, geraten die Werte, die uns (Mit-)Menschlichkeit, Verantwortung, Wirtschafts- und Wissenschaftsethik garantieren, ins Wanken. Die Diskussionen um Sterbehilfe oder Steuerhinterziehung sind ein Paradebeispiel.

Kein Wunder, dass man sich heute wieder nach Werten, Traditionen und Ritualen sehnt, die der Bibel entstammen. Der Intellektuelle und Heilige der Antike, Augustinus (354–430 n. Chr.), hat doch recht: Der Mensch ist in seinem Herzen so lange unruhig, »bis es Ruhe findet in dir, o Gott«. Kurioserweise sind es die »Gottesdienste der Atheisten«, die neuerdings wie Pilze aus dem Boden schießen, die eins zu eins das christlich-liturgische Ritual übernehmen. Irgendwie fühlt man sich den Traditionen verbunden, vermisst sie in einer eiskalt säkularisierten Welt. Schon Ernst Bloch wollte ja der gottlosen Eisschrank-Ideologie des Marxismus das »Prinzip Hoffnung« entgegenstellen – unter Ausklammerung Gottes! Ein Armutszeugnis für einen gebildeten Universitätslehrer. In der Adventszeit 2014 waren die Zeitungen voll mit Artikeln und Umfragen, die von einem Boom des Weihnachtsgefühls sprachen und dem Bedürfnis, sich die Adventssonntage und den Heiligen Abend »auch ohne Gott und Glauben« so richtig schön zu machen, festlich und besinnlich. »Nur« Gott wird gestrichen. Wer aber Gott streicht, hat eine leere Form ohne Inhalt, die irgendwann wie ein Kartenhaus in sich zusammenfällt. Vor allem in Krisenzeiten. Dann zählt nämlich nur noch das Echte und nicht mehr das, was unser Verstand (geprägt von einer grandiosen Bildungskatastrophe!) gnädig übrig gelassen hat.

Auf dem Gerippe eines toten Pferdes Rennen gewinnen

zu wollen, davon träumt das Bildungsbürgertum und wundert sich, wenn das inhaltsleere Etikett »christlich« sich in Krisenzeiten als reinster Schwindel erweist. Und es bleibt die sinnlose Anklage der Ohnmächtigen gegen den Allmächtigen: »Wie kann Gott das Leid zulassen?« Kann man das aber Laien vorwerfen, wenn ihnen auf Kanzeln und Kathedern von Predigt-Profis nur ein paar Brocken hingeworfen werden, die aus dem Gender-ideologischen und historisch-kritischen Steinbruch einer ehemals von Luther heilig gehaltenen Bibel gnädig übrig geblieben sind?! Mit diesem Gerippe ist, im wahrsten Wortsinn, kein Staat mehr zu machen. Hier degradiert sich die Organisation Kirche zu einer Art Müllverbrennungsanlage, wie die FAZ zum Jahreswechsel 2014/15 treffend (im doppelten Wortsinn!) kommentiert, indem sie zu ihrer eigenen Demontage durch das Aufgeben zentraler Glaubenssätze beiträgt. In Wirtschaft und Industrie würde man für so etwas auf Schadensersatz verklagt.

Gescheitert – war alles umsonst?

Überzeugend sind für mich Menschen, die aus Erfahrung und Erleben sprechen. Die die Nagelprobe gemacht haben, den existenziellen »TÜV« durchlitten haben, in dem der eigene Glaube, das eigene Wertesystem geprüft wurden. Es ist bewegend, wenn Ärzte oder Pflegepersonal einem berichten, wie Menschen sterben, was sie angesichts des Todes denken und sagen und in welcher Verfassung sie sind. Einhelliges Urteil, auch von Atheisten: Christen sterben anders, gelassener, getrösteter, gewisser. Großes Aufsehen erregte der einstige SPD-Spitzenmann Hans-Jochen Vogel, als er die Nation im November 2014 via Illustrierte STERN wissen ließ, er leide an Parkinson und spüre bereits jetzt die Symptome immer stärker. Zur selben Zeit lief die große politische Debatte über Sterbehilfe, die einherging mit einer peinlichen Heldenverehrung des Industriellen Gunter Sachs oder des früheren MDR-Intendanten Udo Reiter, die sich aufgrund von Demenz-Verdacht selbst erschossen hatten. Ja, sollen wir uns jetzt etwa alle eine Pistole in die Nachttisch-Schublade legen?! Und wie schön ist es doch für Angehörige, eine Kopfschussleiche identifizieren zu müssen …

Wie dramatisch die Lawine auf uns zurollt, macht deutlich, dass die FAZ ohne konkreten Anlass ihren politischen Leitartikel am 21. März 2015 diesem Thema widmete und in der Quintessenz den Betrug entlarvt, den Selbstmord als selbstbestimmt zu deklarieren: »In der Öffentlichkeit wird der Suizid prominenter Persönlichkeiten oft so geschildert, als wäre damit der entscheidende Test auf die Autonomie bestanden worden – von der Tragik des Geschehens keine Spur. Muss man da nicht stutzig werden? ›Ein selbstbestimmtes Leben bis zum Schluss‹, teilte etwa der Nachrichtensprecher (besser: plapperte er unbedarft) mit, als neulich der Frei(?)tod des Feuilletonisten Fritz Raddatz zu vermelden war. Ähnlich bei Udo Reiter … Doch wer kann wissen, was einen Menschen in den Tod treibt, was der wahre Beweggrund ist? Sich dieses Wissen anzumaßen und das Geschehen dann kurzerhand mit der Autonomiefloskel abzufertigen ist ein leichtfertiges Sprechen, egal, was der Tote selbst zu Lebzeiten über sein Sterben gesagt haben mag.« Klarer kann man es nicht sagen, auch in der Schlussfolgerung: »Was bedeutet es für den Lebensimpuls einer Gesellschaft, wenn sich Selbstbestimmung in der Vernichtung des

Selbst erfüllt? Hat sich da ein Autonomie-Ideal nicht ad absurdum geführt?«

Ist ein eingeschränktes Leben nicht mehr lebenswert? Hat der Mensch das Recht, sich dieses Gottesgeschenk, das sich Leben nennt, selbst zu nehmen? Sogar noch mit frommem Lorbeerkranz: Gott das Geschenk des Lebens zurückgeben, so die krebskranke Frau eines protestantischen Kirchenoberen, die zum Sterben nach Zürich will. Zürich übrigens in England inzwischen Synonym für Sterbehilfe und Selbstmord. Es gehört doch zu Allgemeinbildung und Etikette, dass es die größte Beleidigung für den Geber ist, wenn man ihm die Gabe wieder zurückschickt, erst recht Gott! So jedenfalls konterte der Präsident der Bundesärztekammer, Frank Ulrich Montgomery, obwohl Radiologe und kein Theologe.

Hans-Jochen Vogel setzt ein klares Zeichen, lehnt Sterbehilfe generell ab und akzeptiert seine unheilbare Parkinson-Krankheit. Das plötzliche Scheitern seiner bisher stabilen Gesundheit nimmt er als Chance, sich seines Lebensfundamentes zu vergewissern, nach dieser ewigen Wahrheit immer wieder zu suchen und dies auch als Mutmacher der Öffentlichkeit weiterzugeben. »Denken Sie an Selbstmord?«, fragt der Reporter. »Nein, ich will Gott nicht vorgreifen. Das ist nicht meine Zuständigkeit«, meint der Mann, der sich als pedantischer Politiker immer für alles zuständig hielt: »Ich habe gelernt, dass der Tod ein selbstverständlicher Bestandteil des Lebens ist. Ich glaube daran, dass der Tod nicht der endgültige Schlusspunkt des menschlichen Lebens ist. Er öffnet die Pforte zu einem neuen, anderen Dasein im Jenseits.« Und überraschend setzt Vogel hinzu: »In einem Punkt bin ich mir sicher: dass man von Gott in ein ernstes Gespräch über sein Leben gezogen wird. Man hat sich vor Gott zu verantworten.«

All das nehme ich dem Mann ab, obwohl ich seine Politik teilweise für falsch halte, besonders seine Irrtümer zur deutschen Wiedervereinigung, die sich mit den tragischen Fehleinschätzungen der evangelischen Kirchen decken. Ich habe ihn in den letzten Jahren oft genug erlebt beim parlamentarischen Gebetsfrühstück im Reichstag oder bei der Christlichen Polizeivereinigung (CPV). Die weltweite Bewegung der Gebetsfrühstücke (auch für Berliner Journalisten gibt es eins!), aus den USA stammend und von jedem der bisherigen Präsidenten unterstützt und besucht, ist eine Segensgeschichte. In Deutschland ist es dem ehemaligen CDU-Landtagsabgeordneten Rudolf Decker und dem Verleger Friedrich Hänssler zu verdanken, dass diese einzigartigen Begegnungen von Politikern aller (!) Parteien, ohne Presse und Öffentlichkeit, gegründet wurden und bis heute erhalten sind. Hans-Jochen Vogel hat dort, nach eigenem Bekunden, immer näher zu Gott gefunden. Was er uns nun ins Stammbuch schreibt: Je besser ich auf das Scheitern, auch der Gesundheit und damit meiner Pläne fürs Alter, vorbereitet bin, desto leichter fällt einem der Umgang damit.

Dazu gehört auch, sein Leben als Ganzes zu sehen und nicht nur den tragischen Abschnitt von Leid und Sorgen. Vogel im STERN glasklar, tausendmal deutlicher als manches »Wort zum Sonntag« mit seiner Gutmenschen-Lyrik, als er gefragt wird, ob er mit seinem Leben zufrieden ist: »Bis zum heutigen Tage – ja! Ich habe ein erfülltes Leben hinter mir. In der Bibel steht: Er starb ›lebenssatt‹. Ein wunderbares Wort. Vom Leben gesättigt. So empfinde ich es auch.« Lebenssatt ist eben etwas anderes als lebensmüde, was einen in

Depressionen und Selbstmordgedanken treibt. Und dieses »lebenssatt« hat nichts mit dem Lebensalter zu tun, wie ein bewegendes Kapitel deutscher Geschichte beschreibt, das weithin in Vergessenheit geraten ist.

Lebenssatt, nicht lebensmüde

Helmuth James Graf von Moltke, schlesischer Gutsbesitzer, Kopf des Kreisauer Widerstandskreises gegen Hitler, wurde nach dem 20. Juli 1944 vom Volksgerichtshof des geifernden Roland Freisler zum Tod am Galgen verurteilt. Auf Gut Kreisau war Thema der adeligen Christen, wie es nach Hitler einmal weitergehen könnte, wie Deutschland demokratisch werden und auf christlicher Grundlage erneuert werden kann. Bereits in den 1940er-Jahren (!) sprach man über Deutschland in Europa und die europäische Zukunft als Wertegemeinschaft, die von »der verpflichtenden Besinnung des Menschen auf die göttliche Ordnung« getragen wird. Heutige Multikulti-Ideologen in Kirche und Politik treten also auch das Erbe des Widerstandes mit Füßen! Glaubens- und Bildungsverlust sind zwei Seiten derselben Medaille, wie sich immer wieder zeigt. Wer von Geschichte keine Ahnung hat, sollte von öffentlichen Ämtern die Finger lassen.

Wenn auch an Moltke bei der jährlichen Gedenkfeier im Berliner Bendlerblock erinnert wird, bis 2009 in Gegenwart seiner Frau, mit der ich immer wieder ein paar Worte wechseln konnte, so ist auch hier der Zufall das Pseudonym Gottes: Freya und Helmuth James von Moltke erlebten den 30. Januar 1933, die Machtergreifung Hitlers, den Fackelzug durchs Brandenburger Tor, das Triumphgeschrei der Nazi-

Anhänger in ihrer Wohnung direkt am Tiergarten, in der Bendlerstraße, die heute Stauffenbergstraße heißt. Kurz vor seiner Hinrichtung schrieb er an seine Frau einen bewegenden Brief in seiner typisch winzigen Handschrift. Täglich schmuggelte der Gefängnisseelsorger von Tegel einen Brief des Protestanten nach draußen, den Moltke jeweils mit gefesselten Händen schreiben musste. Der erst 37-Jährige teilte seiner wesentlich jüngeren, erst 2009, also 65 Jahre später verstorbenen Frau mit: »Mein Herz, mein Leben ist vollendet und ich kann von mir sagen: Er starb alt und lebenssatt.« Mit 37! Natürlich, so schreibt er, hätte er gerne noch gelebt, »aber der Auftrag, für den Gott mich gemacht hat, ist vollendet … Alles bekommt nachträglich einen Sinn. Denk mal, wie wunderbar Gott dies sein unwürdiges Gefäß bereitet hat.« Starke Sätze, die mitten im Scheitern stark machen!

Und er schreibt seiner jungen Frau auch diese denkwürdigen Sätze – aus der Haft in Erwartung seiner Hinrichtung: »Nur zusammen sind wir ein Mensch. Wir sind … ein Schöpfungsgedanke. Darum, mein Herz, bin ich auch gewiss, dass Du mich auf dieser Erde nicht verlieren wirst, keinen Augenblick.« In der größten Niederlage, im Scheitern eines epochalen Lebensprogramms für die Zukunft Deutschlands und Europas, stirbt nicht eine diffuse Hoffnung zuletzt, sondern bleibt die Gewissheit: Was Gott zusammengefügt hat, kann der Mensch nicht scheiden.

Wenn man solche Sätze liest, kommt einem die von weiten Teilen einer kirchensteuerfinanzierten Kleriker-Kaste propagierte Gender-Ideologie so ärmlich, so erbärmlich vor. Wie wollen diese blinden Blindenleiter einmal Seelsorge betreiben, wenn Mensch und Gesellschaft in existenziellen Krisen sind, wenn einmal nur noch das hilft, was Konrad

Adenauer als die Keimzelle unserer Kultur bezeichnet: Familie. Es gehört für mich zu den Beispielen antichristlicher Arroganz und banaler Blasphemie, wenn man die Besonderheit der Geschlechter genau in der Zeit auf akademischen Podien nivelliert, wo christliche Glaubensgenossen in Syrien ausgerottet werden und, wenn sie Glück haben, dem Völkermord durch Flucht entkommen können.

Was das mit dem Thema zu tun hat? Alle diese bewegenden (Über-)Lebensgeschichten haben einen übereinstimmenden Kern: Nur die Kraft der Familie, die unerschütterliche Liebe der Eltern macht es möglich, sich mit den Kindern in Todesgefahr zu begeben. Was müssen diese armen, geschundenen Christen denken, wenn sie das sichere Deutschland erreicht haben, das auch noch die Chuzpe besitzt, 2017 den Reformator Martin Luther zu feiern?! Lesen Sie Luther und Sie erkennen, was seine Erben aus den Zentralgedanken der Reformation gemacht haben! Aus der Rechtfertigung des Sünders wurde die Rechtfertigung der Sünde.

Was dieser großartige Graf Moltke seinem Freund, dem Briten Lionel Curtis, in einem Brief anvertraute, ist der Schlüssel zu allem. Der frühere bayerische Kultusminister Hans Maier hob auf einem Symposium anlässlich des 100. Moltke-Geburtstages hervor, dass Moltke »wie andere Mitglieder des Kreises erst unter dem Eindruck des Nationalsozialismus zu einer entschiedenen christlichen Haltung gelangt sind«. Besonders die Zeit des Gefängnisses Tegel mit seinen brutalen Haftbedingungen wurde »in geistlicher Hinsicht für ihn eine Zeit reicher christlicher Erfahrung, vor allem wegen der Verbindung mit seiner Frau«. Moltke an Curtis: »Vor dem Krieg war ich der Meinung, dass der Glaube an Gott nicht wesentlich sei … Heute weiß ich, dass ich unrecht hatte, ganz und gar unrecht. Sie wissen, dass ich die Nazis vom ersten Tage an bekämpft habe, aber der Grad der Gefährdung und Opferbereitschaft, der heute von uns verlangt wird und vielleicht morgen von uns verlangt werden wird, setzt mehr als gute ethische Prinzipien voraus.«

Auch andere Mitglieder des Kreisauer Kreises, so Maier, wandten sich in der Haft oder unter dem Eindruck der Verfolgung dem lebendigen Glauben zu. Es sind also nicht allgemeine Tugend-Werte, von denen man sich führen lässt und mit denen man in Führung bleibt, es ist der Wert des lebendigen Glaubens, der persönlichen Beziehung zu Gott. »Wert-volles« Leben lässt sich nicht in guten Taten messen, sondern an der Kraftreserve, mit der man Krisen, Niederlagen und Scheitern bewältigen kann. Da gilt, wie es in meinem Lieblingslied »Stern, auf den ich schaue« heißt: »Nichts hab ich zu bringen, alles, Herr, bist du!« Das Ehepaar von Moltke hat das erlebt und uns Nachgeborenen vorgelebt.

Dass all diese historischen Erfahrungen der Zeitgeschichte auf uns Deutsche heute so wenig Eindruck machen, mag daran liegen, was mir Altbundespräsident Roman Herzog 2008 in einem Interview sagte: »Uns geht es immer noch zu gut.«

Scheitern als Chance

In der Krise zeigt sich, was echt ist. Und wie man vorbereitet ist, im Sinne Dietrich Bonhoeffers: »In guten Tagen muss man Gott suchen, damit man ihn in der Not hat.« Denn Not lehrt bekanntlich eben nicht Beten, sondern führt viel eher zur Verbitterung.

Ende 2014 hatte das auflagenstärkste christliche Nachrichtenmagazin Europas, »ideaSpektrum« (Nr. 49/2014), eine ergreifende Titelgeschichte: »Der Marathon-Manager«. Schon der Untertitel macht klar, dass es um keinen geht, der die Höhenluft von Sieg und Erfolg im Dauerabonnement gepachtet hat: »Im Leben von Klaus Jost ging es steil bergauf und bergab.« Klaus Jost (53), ein sportlich-dynamischer Marathonläufer, war 14 Jahre Vorstand von Intersport. Die Firma mit Sitz in Heilbronn ist mit 3,4 Milliarden Euro Umsatz und 1800 Filialen weltweit der größte Verbund von Sportfachhändlern. Mit 21 Jahren leitete Jost seine erste Intersport-Filiale. Nach Führungstätigkeiten u. a. bei Adidas wurde er im Jahr 2000 Intersport-Vorstand und 2009 Präsident von Intersport International. Im November 2014 wurde der Vater von fünf Kindern knallhart gefeuert. Seine Karriere endete abrupt, ohne erkennbare Anzeichen, um sich darauf einstellen zu können. Wie er mit dieser Niederlage, diesem Scheitern und anderen Schicksalsschlägen fertigwird, das berichtet der evangelikale Christ in idea genauso wie auf dem Kongress christlicher Führungskräfte, dem »Gipfeltreffen für Werte und Wirtschaft« (Erster Bürgermeister Olaf Scholz), im Februar 2015 in Hamburg. Jeder merkt sofort: Da redet keiner vom grünen Schreibtisch, sondern aus der Tiefe eigener Lebenserfahrung.

Allein die viele Freizeit sei jetzt eine bittere Erfahrung für den Mann, der vorher die typische 70-Stunden-Woche eines Managers hatte. Er muss den Satz seines Aufsichtsrates verkraften: »Jost, Du bist die Vergangenheit, Dein Kollege ist die Zukunft. Lass uns sauber trennen.« Mit 53 Knall auf Fall im Abseits! »Ich war in den letzten 20 Jahren bei fast allen Olympischen Spielen sowie Fußballwelt- und Europameisterschaften, zuletzt bei der WM in Brasilien. Dazu kommen die Großereignisse in anderen Sportarten, sei es Handball oder Skisport. Ich habe so viel von der Welt gesehen, das reicht für zwei Leben.«

Beruflich ein tiefes Loch, im Glauben eine besondere Hochphase: »Mein Glaubensleben ist jetzt deutlich intensiver. Ich schlafe weniger, werde nachts wach und habe Zeit zum Nachdenken. Dann werfe ich Gott meine Sorgen hin. Das gilt für die beruflichen, die privaten und auch die politischen Sorgen, etwa die Christenverfolgung in vielen Teilen der Welt. Meine Frau und ich lesen jetzt gerade das biblische Buch der Offenbarung – und für mich erschließt sich zunehmend dessen Sinn. Dort stehen nicht nur schreckliche Dinge der Zukunft, ich lese Mut machende Dinge: ›Ich bin das A und das O, der Anfang und das Ende‹ – dieses Vertrauen darauf, dass Jesus wiederkommt, dass dann alle Tränen abgewischt sind und es einen neuen Himmel und eine neue Erde gibt, nimmt mir die Angst vor der Zukunft.« Konkret sagt der einst bestbezahlte Manager eines Weltkonzerns: »Ich habe nicht mehr die Angst, irgendetwas zu verpassen. Ich weiß zwei Dinge: 1.) Das letzte Hemd hat keine Taschen. 2.) Wenn ich einmal bei Gott bin, brauche ich auch keine Taschen mehr.«

Und als wäre das abrupte Scheitern seiner beruflichen Existenz noch nicht genug, erfährt sein Leben einen privaten Schicksalsschlag: Seine Ehefrau erleidet einen Schlaganfall, sie konnte nicht mehr sprechen, war halbseitig gelähmt und musste künstlich ernährt werden. »Sie hat aber viel mehr gelernt inzwischen, als die Ärzte prognostiziert haben. Sie hat ins Leben zurückgefunden.« Allerdings um zu hören, dass sie nun auch noch Krebs hat … Ob man bei solchen Schicksalsschlägen nicht an Gott verzweifelt, ihm Vorwürfe macht? Will das ein Gott der Liebe sein?! »Ich rufe sicher nicht: ›Hurra, Gott, gib mir mehr davon!‹ Dennoch sage ich immer: ›Gott macht keine Fehler.‹ Ich denke, dass Gott Türen öffnen wird, an die ich selbst gar nicht denke. Ich habe ein tiefes Vertrauen, dass Gott auch aus dieser Situation etwas Gutes machen wird.«

Wer sein Leben auf Gott baut, den können Niederlagen nicht niederlegen. Wer sich auf ihn verlässt, ist nie verlassen. Wer sich an ihn hält, ist gehalten. »Kann man jetzt noch an Gott glauben?«, fragte der damalige Ministerpräsident von Rheinland-Pfalz, Bernhard Vogel, bei der Trauerfeier für die 70 Opfer der Flugschau-Katastrophe von Ramstein 1988. Und er antwortete: »Nur wenn wir jetzt an Gott glauben, endet unsere Hoffnung nicht an unseren Grenzen.« Und wir alle wissen doch, wie eng unsere Grenzen sind … In Niederlagen hilft nur eine Perspektive, die weit über das Menschen-Machbare hinausgeht.

Der einstige Personalchef einer der größten Polizeidirektionen Deutschlands berichtet zum Jahreswechsel 2014/15, wie sein Arbeitsalltag aussah: Fast alle Gespräche drehen sich ums Scheitern. Kollegen fühlen sich ungerecht behandelt, klagen über Mobbing und Bossing und sind selbst noch im Ruhestand unruhig und belastet davon. »Als junger Polizeidirektor mit glänzender Karriere hatte ich natürlich gut reden, wenn ich sie zu ermutigen versuchte, die alten Geschichten zu beerdigen und nach vorne zu blicken.« Berufliche Enttäuschung war für ihn ein präsentes Thema – bei anderen. Bis es ihn selbst traf, wobei sein Vorgesetzter noch so feige war und sich Verstärkung für das Versetzungsgespräch ins Büro holte. Doch der Geschasste hatte die stärkste

Kraft an seiner Seite: »Ich war immer von der Haltung des biblischen Königs David beeindruckt, der in unverschuldeten Krisen sein Vertrauen auf Gott setzte und dies beispielsweise in Psalm 37,7 zusammenfasste: ›Sei geduldig und warte darauf, dass der Herr eingreift. Entrüste dich nicht, wenn Menschen böse Pläne schmieden und ihnen dabei alles gelingt.‹«

Nach Meinung des Polizeidirektors entscheidet nicht die Niederlage darüber, ob wir Verlierer oder Sieger sind, sondern wie wir damit umgehen. Auch ihm halfen sein Glaube, das Lesen von Gottes Wort, das Gebet und die Verankerung in der Gemeinde. Schlüsselbegriffe, die ich immer wieder in Berichten von Christen über Scheitern und dessen Bewältigung fand. Kein Selbstmitleid, keine Verbitterung, kein Leben mit Vorwürfen und Schuldzuweisungen, sondern das schlichte Vertrauen in Glauben, Gebet, Gottes Wort und Gemeinde. Wie es die Liedermacherin des 19. Jahrhunderts, Julie Hausmann, betete und dichtete: »Wenn ich auch gleich nichts fühle von deiner Macht, du führst mich doch zum Ziele auch durch die Nacht.« Ihr weltberühmtes Lied »So nimm denn meine Hände« entstand nach größten Niederlagen, zuletzt, als sie weinend am Grab ihres Verlobten stehen musste. Ein makabrer Irrsinn, wenn dieses Lied heute bei Hochzeiten gesungen wird.

Auf einer beruflichen Weihnachtskarte an mich meinte es der Absender wohl besonders gut. Er hatte nach einem Spruch Ausschau gehalten, der das Wort »Glauben« enthält. Sie kam genau an dem Tag, als ich den Bericht von Klaus Jost las. Und sie bringt alles auf den Punkt, was ich oben meinte. Es ist ein Ausspruch der Dichterin Marie von Ebner-Eschenbach: »Wenn es einen Glauben gibt, der Berge versetzen kann, so ist es der Glaube an die eigene Kraft.« Was so geistreich klingt, ist eine intellektuelle Katastrophe. Die Kernfrage ist doch: Was machen, wenn ich selber keine Kraft mehr habe? Wenn ich selber nichts mehr tun kann und mit meinem Latein völlig am Ende bin? Dann ist ein solches Wort ein Rettungsring ohne Luft, eine Medizin ohne Wirkung.

Das Entscheidende ist doch gerade, eine Kraft zu finden, die sich dann zu entfalten beginnt, wenn ich selber keine mehr habe. Der Glaube an sich selbst und die eigenen Möglichkeiten ist im Scheitern zum Scheitern verurteilt. Baron Münchhausen, der sich selbst am eigenen Schopf aus dem Sumpf zieht, gibt es höchstens in der Welt von Sagen und Märchen, aber nicht in der Welt harter Alltagsrealität. Zum (Über-)Leben hilft zwingend logisch nur etwas, was außerhalb von mir existiert und von meinem Scheitern unabhängig ist. Um nicht zu versinken, brauche ich eine helfende Hand und ein festes Fundament. Wer im Sumpf der Sorgen zu strampeln beginnt, versinkt nur noch tiefer.

Klaus Jost – ein überzeugter Christ, der in den Abgrund geschaut hat. Die klassische Geschichte einer Führungskraft, die plötzlich keine mehr ist. Wirklich nicht?

Christen sind Führungskräfte

Nach des Wortes Bedeutung sind alle Christen Führungskräfte: weil sie ein Ziel haben und damit auch einen Weg wissen, demnach also führen können. Das Kursbuch, die Bedienungsanleitung, die Landkarte sozusagen, ist die Bibel. Führen kann nur, wer ein Ziel hat. Und wenn er scheitert, weil er das Ziel nicht erreicht, sagt das nichts über die Qualität des Zieles aus. Höchstens über die Fähigkeit dessen, der da unterwegs war, oder die Umstände, die ihn unverschuldet trafen.

Der Philosoph und Naturwissenschaftler Carl Friedrich von Weizsäcker schreibt: »Die Christen bewahren die einzige Wahrheit, die tiefer reicht als die Wahrheit der Wissenschaft, auf der das Atomzeitalter beruht. Sie bewahren ein Wissen vom Menschen, das tiefer wurzelt als die Rationalität der Neuzeit. Der Augenblick kommt immer wieder unweigerlich, in dem man, wenn das Planen scheitert, nach dieser Wahrheit fragt.« Selten wurde dieser Satz so dramatisch wahr wie nach dem grauenhaften islamistischen Terroranschlag auf das World Trade Center am 11. September 2001 in New York. Wer und was kann Opfer oder Angehörige trösten? Worauf kann ein Staat sich im Augenblick hilfloser Ohnmacht verlassen? Auf Christen kann die Welt nicht verzichten. Das ist kein Hochmut, das ist biblischer Realismus. Es sind eben diese »Voraussetzungen, die ein Staat nicht garantieren kann« (Böckenförde), die helfen können, wenn wir Menschen nicht mehr weiterwissen.

Die Friedensordnung der Welt scheint zu scheitern, global und personal. Brutale Gewalt nimmt in zivilisierten Ländern immer mehr zu, Ehen und Familien brechen auseinander, Jugendliche im Internetzeitalter kennen keine Grenzen mehr – im doppelten Wortsinn. Global gibt es so viele Kriege und Flüchtlinge wie noch nie zuvor. Während Linke in Kirche und Staat schon die Friedensschalmeien erklingen ließen, flammt der Kalte Krieg wieder auf. Ganz zu schweigen von der tiefen Krise der EU, die weiter weg von ihrem programmatischen Namen »Union« ist als je zuvor.

Beim Weltwirtschaftsforum in Davos im Frühjahr 2015 sprachen Spitzenpolitiker und Wirtschaftsführer von einer »Schockstarre, wo niemand ein perspektivisches Zukunfts-Rezept kennt, weil sich täglich alles ändern kann«. Es fehlen im permanenten Scheitern politischer Konzepte echte Führungskräfte. Auch wenn Christen nicht per se besser sind als andere Menschen, können wir es doch mit Luther halten: »Christen sind Bettler wie alle. Aber sie können anderen Bettlern sagen, wo das Brot zu kriegen ist.« Nicht aus eigener Kraft, sondern erleuchtet durch die Botschaft des Evangeliums.

Ich verstehe die geduckte Haltung mancher Christen nicht, die sich in einem eigenartigen Minderwertigkeitskomplex dauernd entschuldigen, dass sie überhaupt da sind und dass sie irgendwie stören. »Die Häupter erheben« (Lukas 21,28) hat ja nichts mit Hochmut und Selbstüberschätzung zu tun, sondern ist biblischer Realismus. Und alles, was die Bibel an Verheißungen vermittelt, muss sich ja an der Realität überprüfen lassen. Ohne diese Nagelprobe wäre ich doch nie Christ geworden! Aber mich hat überzeugt, dass die Bibel meist von Menschen berichtet, die gescheitert sind, Versager und Feiglinge – aber mit ihnen schreibt Gott Geschichte, indem er ihnen die Chance zum Neuanfang gibt. Nicht die Heldengeschichten der Heiligen haben mich beeindruckt, sondern deren Fehler und Scheitern! Zum »Häupter-Erheben« eines begründeten Selbstbewusstseins hat auch Papst Franziskus aufgerufen, als er vor dem Europäischen Parlament in Straßburg sagte: »Die Christen in der Welt sind das, was die Seele im Leib ist.« Ohne die Seele verkümmert der Mensch, das weiß jeder Psychologe und das füllt die Praxen mit psychosomatischen Patienten. Eine Welt ohne Christen wäre demnach also krank, ihr würde Entscheidendes fehlen.

Überraschend stellt der Politologe und Publizist Andreas Püttmann Ende 2014 in einem Aufsatz die Behauptung auf: »Überdurchschnittliche Leistungs-, Vertrauens- und Verantwortungsbereitschaft, Gesetzestreue, Sparsamkeit und Selbstdisziplin, Gesundheit und Zufriedenheit machen die Gläubigen zu einer ›Wert-Elite‹ mit ökonomischer Relevanz.« Im Klartext: Politik, Wirtschaft und Gesellschaft haben etwas davon, wenn Menschen Christen sind. Und Püttmann begründet seine vollmundige Beschreibung, die ein knallharter Affront gegen den Zeitgeist ist, seriös mit zahlreichen Studien und Umfragen, u. a. der Bertelsmann-Stiftung und des Allensbacher Instituts. Neutrale Absender dieser spektakulären Botschaft, die von vielen Unternehmern und Wirtschaftszeitungen bestätigt wird.

Vor Jahren titelte die »Wirtschaftswoche«: »Deutschland ist reich, aber wurzellos«. Als Elisabeth Noelle-Neumann, die legendäre Gründerin des Allensbacher Instituts, die manche Techniken von Meinungsumfragen überhaupt erst erfunden hat, zu ihrem 90. Geburtstag gefragt wurde, welche der Tausende von Umfragen sie persönlich am meisten bewegt hat, sagte sie spontan: »Dass es immer weniger Eltern wichtig ist, ihren Kindern die Werte weiterzugeben, die wirklich wichtig sind.« Tugenden und Werte für eine humane Leistungsgesellschaft werden laut Allensbach von religiösen Deutschen zwischen 14 und 29 Jahren deutlich häufiger für »wichtig im Leben« gehalten als von nicht religiösen. »Viel leisten« (42 zu 30 Prozent), »aktive Teilnahme am politischen Leben« (14 : 5), »Kinder haben« (67 : 44), »Verantwortung für andere übernehmen« (47 : 28), »Menschen in Not helfen« (72 : 44). Wer ohne Glaubensbindung lebt, tendiert zu »viel Spaß haben« oder »hohes Einkommen und materieller Wohlstand«.

Dass Christen den Wert der Familie und eines zufriedenen Lebens hoch achten, dass sie laut Studien aktiver, gesünder, psychisch belastbarer und glücklicher sind, hat unmittelbare Auswirkungen auf die berufliche Existenz, wie zahlreiche Studien belegen. Und zwar auf Arbeitsmotivation, Fehlzeiten und Betriebsklima. Eine Jugendstudie der Sozialethik-Professoren Gerhard Schmidtchen und Lothar Roos kommt zu dem Ergebnis, »dass eine am christlichen Menschenbild orientierte Erziehung weniger den larmoyanten Typ hervorbringt, der lediglich über die Verhältnisse klagt, statt sein Leben selbst in die Hand zu nehmen und auch die eigenen Fehler und Versäumnisse (sein Scheitern!) einzugestehen«.

Wem das alles zu viel (Selbst-)Beweihräucherung ist, der nehme die Aussage des Wirtschafts-Nobelpreisträgers Friedrich von Hayek zur Kenntnis, der für sich den Glauben an einen persönlichen Gott übrigens ausdrücklich ablehnt. Er vertritt die These, dass der Glaube die Menschen zu ökonomisch vernünftigem Verhalten befähigt, zum Beispiel zu Ehrlichkeit, Vertragstreue, Respekt vor dem Eigentum und der Familie. Selbst als Agnostiker müsse er daher »zugeben, dass wir unsere Moral und die Traditionen, die nicht nur unsere Zivilisation, sondern nachgerade unsere Existenz ermöglicht haben, dem Festhalten an wissenschaftlich so unannehmbaren Tatsachenbehauptungen verdanken«. Im Klartext: Selbst Atheisten sollen hoffen, dass es noch möglichst lange viele Christen gibt, die mit ihrem »unwissenschaftlichen Aberglauben« zugunsten der Gesamtgesellschaft moralisch leben, erfolgreich wirtschaften und damit dem Gemeinwohl dienen. Näher können Ritterschlag für Christen und Bankrotterklärung des Atheismus nicht beieinanderliegen. Und das bei einem Nobelpreisträger! Christen produzieren also »eine Art öffentliches Gut«, von dem Robert Tollison, Autor des berühmten Lehrbuchs »Economics«, meint: »Ein Gut, von dem alle Gesellschaftsmitglieder profitieren, auch wenn sie mangels Frömmigkeit selbst nicht an seiner Produktion beteiligt sind.«

Jüngst wurde das (fromme) Buch »Gesellschaft ohne Gott« im Wirtschaftsteil (!) der FAZ rezensiert unter der Überschrift: »Mehr, als man glaubt: Ökonomische Risiken der Entchristlichung Deutschlands«. Dürers betende Hände zierten den Titel der renommierten »Wirtschaftswoche«, Pflichtlektüre des Unternehmertums. Daneben der Titel: »Macht Glaube erfolgreicher? Politik, Management, Karriere, Geld«. Eine der beachtenswerten Thesen: Deutschlands wirtschaftlich erfolgreichste Landstriche liegen heute im weniger entchristlichten Süden. Der baden-württembergische Ministerpräsident und spätere Jenoptik-Chef Lothar Späth sagte mir einmal: Es müsste viel mehr Doktorarbeiten geben über die Bedeutung der Pietisten für die Wirtschaft seines Landes. Namhafte Firmen und mittelständische Erfinder von Weltruhm haben ihre Wurzeln in der pietistisch-evangelikalen Gemeinschaftsbewegung, die Christen unter den deutschen Wirtschaftsführern und die Besitzer namhafter Familienunternehmen gehören meist evangelikalen Freikirchen an. Wer die als engstirnig-gesetzliche Fundamentalisten verspottet, zeugt von peinlicher Ahnungslosigkeit.

Bei einem Vortrag im September 2014 in den Franckeschen Stiftungen Halle vor über 300 Entscheidungsträgern aus Politik, Wirtschaft und Wissenschaft erfuhr ich durch das Grußwort des Vorsitzenden des Kuratoriums Professor Helmut Obst, dass die viel zitierten preußischen Tugenden ihren Ursprung im halleschen Pietismus haben. Einer der führenden Köpfe des Pietismus, neudeutsch: der evangelikalen Bewegung, August Hermann Francke (1663–1727), hat in den Schulen, die er gründete, folgende Werte vermitteln lassen: Standhaftigkeit, Ordnung, Fleiß, Sparsamkeit, Bescheidenheit und Pflichtgefühl. Ganz wichtig sei für ihn der »rechte Gebrauch der Zeit« gewesen, das für das moderne Managertum größte Problem, man denke nur an die Modekrankheit Burnout. Aus dem Glauben heraus hat Francke vor 300 Jahren ein Sozial-, Erziehungs- und Missionswerk von weltweiter Ausstrahlung geschaffen. Sein Hauptprogramm ist das Motto der Evangelikalen bis heute: Weltveränderung durch Menschenveränderung.

Diese Veranstaltung hatte übrigens ihren Anlass im Scheitern, im größtvorstellbaren Scheitern: dem Tod eines jungen Mannes. Die Evangelische Nachrichtenagentur idea hatte im Sommer 2013 sogar eine Sonderausgabe dazu gebracht. Der erst 24-jährige an Krebs erkrankte Weltklasse-Sportler Paul Beßler war auf dem Sterbebett in der Uniklinik Halle Christ geworden, weil seine Onkologin ihm nicht nur medizinische Hilfe gab, sondern ihm von Jesus Christus erzählte. Die Art und Weise, wie er nach seiner Bekehrung und seiner Taufe mit dem bevorstehenden Tod umging, hat dazu geführt, dass seine Eltern, Sportkameraden, Ärzte und andere Menschen Christen wurden. Man kann von einer Erweckung sprechen, die bis heute auf die ganze Region ausstrahlt. Dieser Junge wollte nicht nach Zürich zum Sterben, sondern in Halle Menschen zu Jesus führen – aus dem

Scheitern seines Lebens heraus andere zum ewigen Leben rufen.

Christen sind Führungskräfte, die nicht zu sich selbst, sondern zu Jesus Christus führen. Im Scheitern gilt nur noch eine Frage: Wo gibt es das »Brot«, das inmitten seelischen Hungers, in Angst und Verzweiflung wirklich nährt? Wo gibt es die wenigen echten Freunde, die jetzt zu mir halten? Der geschasste Manager Klaus Jost macht die Erfahrung: »Ich erlebe viel Zuspruch. Von Mitarbeitern, von anderen Unternehmensleitern, von Christen aus meiner evangelischen Kirchengemeinde.« In den Führungsetagen der Wirtschaft gibt es mehr geistliche Substanz, als viele ahnen.

Bedienungsanleitung fürs Leben

Bei der ZDF/BILD-Spendengala »Ein Herz für Kinder« kam kurz vor Weihnachten 2014 ein ehemaliger Tennisprofi und heutiger Unternehmensberater auf mich zu, bedankte sich für meine Bücher und Kolumnen: »Ich habe durch das Zeugnis des Golfers Bernhard Langer zum lebendigen Glauben an Jesus Christus gefunden, von dem ich in der Kirche wenig gehört habe.« Heute berät er die gesellschaftliche Elite, Namen, die jeder kennt. Das sind echte Schlüsselpositionen, fallen dort doch Entscheidungen, die Weichen für ganze Firmen oder Institutionen stellen. Und da ist es eben ein Unterschied, ob sich jemand die Karten legen lässt, einem Guru folgt oder Buddha-Statuen aufstellt oder ob ein Christ aus der Substanz seines Glaubens ihn berät. Krise ist nur dann eine Chance, wenn ich genug Substanz habe, um einen Neuanfang schaffen zu können. Ein Gescheiterter braucht gescheite Leute, keine schulterklopfenden Schönredner. Er braucht Anweisungen zum Leben, die nur aus der Wahrheit kommen können, nicht von den Erfolgsratgebern aus dem Bücherregal.

Christen sind wer! Sie sind Führungskräfte. Sie haben mit der Bibel ein Kursbuch für gelingendes Leben. Wie ich eine Waschmaschine oder ein Auto nur mit der Bedienungsanleitung des Konstrukteurs in Gang bringen und optimal nutzen kann, so brauche ich für Leben und Welt die Bedienungsanleitung des Schöpfers. Eine zwingende Logik, denn niemand wird wohl behaupten wollen, er habe die Welt oder sich selbst geschaffen. Jemand, der nicht selbst der Schöpfer ist, kann folglich nur rätseln und experimentieren oder sich selbst überschätzen und überheben – mit dem Preis, alles kaputt zu machen. Nur ist unser Leben einmalig und nicht ersetzbar wie eine Maschine. Ist uns ein technisches Gerät also mehr wert als unser originelles und originäres Leben?

Warum programmieren wir das Scheitern durch Selbstüberschätzung, statt den größten Schatz zu heben, den es gibt: die Bedienungsanleitung Gottes für unser Leben, die Bibel. Hier wird alles Lebensnotwendige geboten, auch das Not-Wendende im Augenblick des Scheiterns. Hier haben wir alles, was wir zum Leben und zum Sterben brauchen. Alles! Mehr gibt es nicht, aber weniger sollte es auch nicht sein. Paul Deitenbeck (1912–2000), einer der Väter des Neupietismus, sagte vor über 50 000 Besuchern des Stuttgarter evangelikalen »Gemeindetags unter dem Wort«: »Uns gehört alles – weil wir Christus gehören! Nehmen wir da nicht den Mund zu voll, wenn wir so etwas behaupten? Hat der Apostel Paulus nicht sein Konto überzogen bei der Aussage: Uns gehört alles? Nein! Denn wer Christi Eigentum ist, ist Miteigentümer in der großen Schöpferwerkstatt Gottes.« Wir sind wer. Frei von Minderwertigkeitskomplexen, aber auch von dem Hochmut der Selbstüberschätzung. »Was sind wir für reiche Leute als Angehörige von Jesus Christus. Wir brauchen nicht als verkrampfte Halbengel zu erscheinen, sondern dürfen dankbar Gottes Gaben in Gebrauch nehmen« (Deitenbeck).

Die Werte des Wortes Gottes höher achten als die Worte der Welt: Das ist die Krankenschwester, die sich am legalisierten Töten von ungeborenen Kindern (nicht Leben!) nicht beteiligt. Das sind die Leute, die sich dem Sterbe»hilfe«-Gesetz und dem Missbrauch der Embryonenforschung oder der Gentechnik mutig widersetzen. Das sind Bürger, die die Präambel des Grundgesetzes zu ihrem Grundsatz machen: In Verantwortung vor Gott und den Menschen. Gehören wir Gott wirklich? So dumm der Satz »Der Islam gehört zu Deutschland« auch ist, so richtiger ist die Frage, ob das Christentum überhaupt noch zu Deutschland gehört. Spielt der Glaube in Erziehung, Bildung, Politik, Wirtschaft und Arbeitswelt überhaupt noch eine Rolle? Hat Gott nicht längst abgedankt, weil der Mensch glaubt, sich alles selbst zu verdanken? Nur auf wen ich höre, dem gehöre ich auch, weil ich ihm gehorche. Auf welchen Anspruch gebe ich Antwort, vor wem verantworte ich mich? Nach wessen Pfeife ich tanze, der gibt den Ton an im Leben. Unser Denken, Hoffen und Handeln sind also nur ein Spiegelbild des inneren Kompasses. Zeig mir, wie du lebst, und ich sage dir, wem du gehörst und wessen Maßstäben du gehorchst. Denn das ist die Kardinalfrage unserer Zeit: Woher nehmen wir unsere Maßstäbe?

Wert-Maßstäbe gesucht

Wer setzt die Werte? Wer sagt, was gültig ist? Ist das, was heute vom Liberalismus bedingungslos propagiert wird, unsere Sache? Da heißt es: Die Grundwerte setzt sich die Gesellschaft selbst. Welch törichter Irrtum! Ich kann doch mit meinem Schiff nicht nach einer Orientierungsmarke segeln, die ich mir selbst an den Bug genagelt habe.

Nein! Die Grundwerte setzt Gott in seinem Wort. Das sind in unserer christlich-jüdischen Tradition und Kultur eben »die Voraussetzungen, die der Staat nicht garantieren kann«, wie Verfassungsrichter Böckenförde sagte. Aber wir stimmen ja bereits ab: Mehrheit gleich Wahrheit, so lautet die Gleichung. Und das möglichst noch über das delphische Orakel demoskopischer Umfragen. Demokratie ist vielfach zur Demoskopie verkommen. Die Grundwerte jedoch setzt nicht der Mensch. Wie sollte er das auch können? Eugène Ionesco, französisch-rumänischer Dramatiker von Weltrang, schreibt: »Es ist kein Widerspruch, wenn ich sage, dass die Jugend orientierungslos zwischen dem Wunsch nach freier Entfaltung aller Begierden und dem Wunsch nach Unterwerfung unter eine unverrückbare Ordnung hin- und herschwankt. Wir wissen nicht, was wir wollen.« Orientierungslosigkeit aber bedeutet Fahrt in die Irre. Haltlosigkeit lässt hilflos in den Abgrund stürzen. Die Konsequenzen wird unsere Generation noch zu spüren bekommen. Der Schriftsteller Wolfgang Borchert beklagt: »Wir sind die Generation ohne Bindung und ohne Tiefe. Unsere Tiefe ist der Abgrund. Wir sind die Generation ohne Grenze, ohne Hemmung und Behütung. Wir sind die Generation ohne Gott.« Selbst der linksliberale »Spiegel« beschreibt die heutige Gesellschaft als »vaterlos, gottlos, arbeitslos«.

Grundwerte kann sich der Mensch nicht selbst geben. Die setzt Gott. Das war doch die Katastrophe des »Dritten Reiches«, dass ein brutaler Diktator Grundwerte außer Kraft gesetzt und neue proklamiert hat. Er – ein Mensch. Atheismus erzeugt nämlich kein Vakuum. Wo ich Gott entferne, wächst etwas Neues nach. »Gottes verlassene Altäre sind nicht unbewohnt«, meint der Dichter Ernst Jünger. Jede Ideologie bringt es fertig, die »Leerstelle Gott« mit neuem Inhalt zu besetzen. Kein Wunder, dass ideologische Führer immer etwas Messianisch-Charismatisches haben und sich die Rituale von den Christen klauen. Schmeißen wir Gott aus dem Haus, kommen durch die Hintertür die Götzen. Geld, Gesundheit, Wellness, Ernährung – eine neue Religion. Viele meinten zum Beispiel naiv, nach der friedlichen Revolution und dem Mauerfall 1989 begänne die große Rückkehr zu Gott in Mitteldeutschland. Nein, die SED-Ideologen haben ganze Arbeit geleistet: Ihrem aggressiven Atheismus war eben kein Vakuum gefolgt, das nun neu zu füllen wäre. »Die Leute haben schlicht vergessen, dass sie Gott vergessen haben«, brachte es der Magdeburger Bischof Axel Noack auf den Punkt.

Doch wer aus der Geschichte nichts lernt, der ist dazu verdammt, sie noch einmal zu wiederholen. Merken wir eigentlich nicht, auf welch abschüssige Bahn wir uns heute wieder begeben? »Darf der Mensch Gott spielen?«, titeln Zeitungen und warnen die Wissenschaft vor den letzten Grenzen des Tabubruchs. Darf der Mensch alles, was er kann? Und wenn nicht, wer zeigt ihm das Stoppschild, wer setzt die Maßstäbe?

Spätestens die Debatte um Eingriffe in die Genetik zeigt uns, was die Stunde geschlagen hat. Zur Jahrtausendwende kündigte der italienische Frauenarzt Antinori an, er wolle Menschen klonen. Im Sommer 2001 folgten dann die schauerlichen Schlagzeilen wirrer Thesen einer UFO-Sekte, deren kanadischer Guru Hitler klonen will. Hier wird das ganze Dilemma der Wissenschaftsethik wie in einem Brennglas verdeutlicht: dass nämlich in jeder Forschung, Entdeckung und Erfindung eine verführerische Ambivalenz liegt. Immer zwei Möglichkeiten: Segen oder Fluch, Lebensqualität oder Lebensvernichtung. Und damit die Grundfrage: Ist der Mensch von sich aus fähig, sich für das Gute zu entscheiden und das Böse zu ächten? Dostojewski jedenfalls sagt schonungslos und nüchtern: »Wenn es Gott nicht mehr gibt, ist alles erlaubt.« Und niemand wird doch wohl ernsthaft behaupten, dass Gott und sein Wort in unserer Gesetzgebung, der Wirtschafts- und Wissenschaftsethik oder der Erziehung noch eine spürbare Rolle spielen. In Sonntagsreden vielleicht. Einige Parteitage oder die Legislaturperioden des Bundestages beginnen mit Gottesdiensten. In der Praxis des Alltags verabschiedet man sich schneller davon, als die Kirchenglocken verklungen sind. Hans-Jochen Vogel sagte mir einmal im hohen Alter: »Eigentlich müsste man bei allen Reden und Gesetzen im Parlament fragen: Was würde Jesus wohl dazu sagen?«

Nur ein Beispiel: Das schillernde Kürzel PID wird uns als Methode angepriesen, unheilbare Krankheiten zu verhindern. Doch gleichzeitig ermöglicht diese Präimplantations-Diagnostik, die vor einer Befruchtung die Eizellen auf Erbkrankheiten untersucht, die Züchtung von Designer-Babys. Das Geschöpf macht sich zum Schöpfer, unwertes

Leben wird ausgeschieden, die Geburt nach Wahl und der Mensch nach Maß werden machbar. Ein Narr, wer glaubt, die Menschheit hielte sich an Tabugrenzen der Medizin, wenn die Forschung doch alles möglich macht! Schließlich heiligt der Zweck die Mittel oder der Zeitgeist hält alte Regeln für spießig. In meiner Sendung hatte ich im Herbst 2014 den mehrfachen Paralympics-Goldmedaillengewinner, Juristen, Hornisten und stellvertretenden Landrat von Esslingen, Matthias Berg. Er ist Contergan-geschädigt, ihm fehlen beide Arme, die Hände sind direkt an der Schulter. Ob seine Eltern nicht an Abtreibung gedacht hätten, frage ich vorsichtig. »Gott sei Dank kannte man die modernen Methoden damals noch nicht, sonst gäbe es mich nicht.« Dasselbe sagt der große, 1,34 Meter kleine Sänger Thomas Quasthoff, ebenfalls Contergan-geschädigt. Die vorgeburtliche Untersuchung, die es damals, 1959, noch nicht gab, hätte uns einen der bedeutendsten Bassbariton-Sänger genommen! Das ist die Wahrheit, nicht die Lyrik politischer Begründungen. »Es gibt kein gutes Töten« (Robert Spaemann).

Ich habe immer davor gewarnt, das deutsche Sterbehilfe-Recht noch weiter zu liberalisieren, auch wenn hoch und heilig versprochen wird, ethische Standards einzuhalten. Wenn einmal die Dämme brechen, gibt's kein Halten mehr. Es kommt also alles drauf an, den Anfängen zu wehren und die Tür auch keinen Spalt weit aufzumachen. Dieselben Versprechungen wurden in Holland oder in Belgien gemacht. Doch was ist daraus geworden? Jetzt gibt es dort bereits Sterbehilfe für Kinder. Und der feste Vorsatz, nur medizinische Gründe für assistierten Selbstmord gelten zu lassen, ist längst über den Haufen geworfen worden. Jetzt gilt bereits Einsamkeit als Grund. Der Gipfel: Ein zu »lebenslänglich« in

Belgien verurteilter Verbrecher beantragte erfolgreich Sterbehilfe, weil ihm die zu erwartenden Jahre im Gefängnis zu lang werden. Hans-Jochen Vogel bringt es im bereits zitierten STERN-Interview (Nr. 49/2014) auf den Punkt: »Vor Sterbehilfe kann ich nur warnen. Ich sehe die Gefahr, dass daraus ein latenter Druck erwächst, dass Schwerkranke sich aufgefordert fühlen könnten, mit ihrem Selbstmord die Gesellschaft oder die Familie von einer Last zu befreien.« Und wie zur Bestätigung kamen am 11. März 2015 die statistischen Daten: Als besorgniserregend haben Experten die steigende Zahl von Suiziden alter Menschen bezeichnet. Das Durchschnittsalter von Selbstmördern wird immer höher.

Und was die Embryonenforschung angeht: Was uns da als Heil(ung)s-Botschaft verkauft wird, ist in Wahrheit ein Angriff auf die Menschenwürde, weil es ein Eingriff in Gottes Schöpfungshandelns ist. Wir brauchen keine Maß-Menschen, wir brauchen Gottes Ebenbild, unantastbar und unverfügbar. Schon heute erleben es Eltern behinderter Kinder, wie sie ausgegrenzt werden. Auch die Frage, ob debile und pflegebedürftige Alte überhaupt ein Lebensrecht haben, wird bereits offen diskutiert. Die Bibel als Gebrauchsanweisung für das Leben lehrt uns nicht nur die Ehrfurcht vor Gott, sondern auch die Ehrfurcht vor dem, was Gott geschaffen hat. Das gilt erst recht für die ungeborenen Kinder.

Da gibt man für die Abtreibung soziale Gründe an und lebt in einem Land, in dem der Wohlstand schönste Blüten treibt. Einem Land, das Reise-Weltmeister ist und wo das Geld für Alkohol, Nikotin und Luxusgüter nur so verprasst wird. Es ist allerdings ein Land, das der Nobelpreisträger und Atomphysiker Werner Heisenberg mit einem Schiff vergleicht, auf dem alles vorhanden ist. Nur eines – und zwar das Entscheidende – fehlt: der Kompass, die Orientierungsmarke. Wer die Friedensnobelpreisträgerin Mutter Teresa schätzt und zitiert, der sollte auch dieses mahnende Wort wissen: »Der größte Zerstörer des Friedens ist heute der Schrei des unschuldigen, ungeborenen Kindes. Wenn eine Mutter ihr eigenes Kind in ihrem eigenen Schoß ermorden kann, was für ein schlimmeres Verbrechen gibt es dann noch, als wenn wir uns gegenseitig umbringen? … Aber heute werden Millionen ungeborener Kinder getötet und wir sagen nichts … Für mich sind die Nationen, die Abtreibung legalisiert haben, die ärmsten Länder. Sie fürchten die Kleinen!«

Worin besteht eigentlich die Logik des viel gepriesenen Slogans »Mein Bauch gehört mir!«? Muss nicht vielmehr der stumme Schrei der Ungeborenen gehört werden: »Mein Leben gehört mir!«? Da ist ein Staat dabei, Normen außer Kraft zu setzen, die Gott gegeben hat. Fast möchte man im Blick auf unsere Zukunft mit dem Sprichwort sagen: Wer nicht hören will, muss fühlen. Ludek Pachmann, Schachgroßmeister und einer der Führer des Prager Frühlings, schreibt: »Der Versuch, Gott aus unserem Leben zu verbannen, endete noch immer mit einer Tragödie.« Ich unterstütze Frauenhäuser, die Schwangeren Hilfe, Wohnung und Schutz bieten, das Kind zu bekommen.

Welche ideologische Strategie hinter dieser Entwicklung steht, wird von vielen gar nicht gesehen oder nur gutwillig verharmlost. Die sowjetische Gewerkschaftszeitung »Trud« schrieb in den 1980er-Jahren: »Die weitere Liberalisierung im Sittenstrafrecht bedeutet für Deutschland das Ende der Kulturnation.« Und wie man das fertigbringt, hat der Kommunistenführer Lenin längst vorhergesagt: »Wenn wir eine Nation vernichten wollen, so müssen wir zuerst ihre Moral vernichten. Dann wird uns die Nation wie eine reife Frucht in den Schoß fallen.« Der Islamismus, beginnend mit dem Terroranschlag vom 11. September 2001 in New York, begründet seinen Hass auf die westliche Welt mit dem Moral-Zerfall. Eines dieser weltweit agierenden Terrornetze nennt sich denn ja auch »Boko Haram«, zu Deutsch: Westliche Bildung ist Sünde.

Leitplanken für den Lebensweg

Bleiben an Gottes Wort – das tun verbindliche Christen deshalb, weil Gott selbst uns hier seine Maßstäbe setzt. Und die brauchen wir so nötig. Unvorstellbar: pulsierender Straßenverkehr einer Großstadt ohne Regeln, ohne Ampeln, ohne Hinweisschilder. Nur wir meinen, wir bekämen unser Leben auch ohne Hilfen und Normen hin. Ein Vorurteil, das auch durch pausenloses Wiederholen nicht richtiger wird: Gottes Gebote und die Normen der Bibel sind nicht lebensfeindlich, sie wollen uns nicht einengen, uns die Freude vermiesen, unser Leben in Fesseln legen. Das Gegenteil ist der Fall.

Gottes Gebote wollen uns Leitplanken sein auf der Straße unseres Lebens. Sie sind die großen Freiheiten, die uns lebensgemäß leiten bis zum großen Ziel. Gottes Maßstäbe wollen nicht Vernichtung, sondern die Entfaltung von Leben und Schöpfung. Am Schluss der Wiederholung der Zehn Gebote heißt es im 5. Mosebuch 5,33: »Wandelt in allen Wegen, die euch der Herr, euer Gott, geboten hat, damit ihr leben könnt und es euch wohl geht …« Es ist wahrhaftig an der Zeit, einmal darüber nachzudenken, wie es auf unserer Erde aussähe, wenn alle sich an die Gebote

Gottes halten würden. Man kann allerdings nicht daherkommen und Gottes Wort als »Sittenkodex« für die Welt gutheißen, seine Gültigkeit für das eigene Leben jedoch ablehnen. Diese Schizophrenie ist eine weitverbreitete Krankheit bis in christliche Kreise hinein.

Als Christ höre ich auf, mein eigener Herr sein zu wollen. Ich setze mein Vertrauen auf Gott und hole meine Maßstäbe aus seinem Wort. Wer Gottes befreiendes und rettendes Handeln in seinem Leben erfahren hat, lässt seine Gebote für sich bestimmend werden. Das bedeutet Abschied von Modetheorien namens Selbstbestimmung und Selbstverwirklichung. Ich erkenne Gottes Maßstäbe für mein Leben an, weil ich weiß, dass Gott mich besser kennt als ich mich selbst und er es gut mit mir meint. Deshalb sollen wir als Christen in den ethischen Auseinandersetzungen unseres Landes mutig aufstehen und bekennen: Wir bleiben an Gottes Wort. Und wenn die Frage gestellt wird: Was gilt denn eigentlich?, dann sagen wir: Wir bleiben bei Jesus Christus, der einer orientierungslosen und autonomistischen Welt sagt, was Wahrheit ist. Das war und ist seine Botschaft.

Roman Herzog sagte mir einmal in einem Interview als Präsident des Bundesverfassungsgerichts: »Hielten wir uns in Deutschland an die Zehn Gebote, wir hätten ein anderes Land.« Als späterer Bundespräsident betonte er die Tatsache, dass unser Staat im Sinne der Präambel des Grundgesetzes nicht wertneutral ist. Sie ist eine bindende Verpflichtung, in Verantwortung vor Gott zu handeln. Und ist es nicht genial, wie Gott es fertigbringt, dem Menschen in zehn Sätzen zu sagen, was gut und richtig ist und was sein Leben wertvoll macht und was es zerstört? Nur zehn Sätze, und alles ist gesagt über den Umgang mit Umwelt und Eigentum, mit

Geld und Sexualität, mit dem Leben und dem Partner und auch, für Journalisten und Politiker nicht ganz unwichtig, mit der Wahrheit.

Während die Gurkenkrümmungsverordnung der EU, das Staubsaugerumweltverträglichkeitsgesetz oder die brandneue Spülhandschuh- und Topflappenregulierungsverordnung ganze Seiten füllen (Achtung: Kein Witz!), schafft es Gott, kurz und knapp und vor allem für jeden verständlich das (Über-)Lebenswichtigste zu sagen. Zehn Sätze im Alten Testament, knappste Regeln zum Mitschreiben, ja zum Einprägen in der Bergpredigt im Neuen Testament. Einfach genial. Ich verstehe beim besten Willen nicht, wie Menschen, die sich für intelligent halten, an so etwas vorbeigehen können.

Arm ist, wer den Reichtum der Bibel links liegen lässt und meint, dieses Buch gehöre ins Museum oder auf den Müll der Geschichte.

Rezepte mit Risiken und Nebenwirkungen

Die Bibel ist alles andere als eine Ansammlung toter Buchstaben. Sie ist ein Lebensbuch, das Leben schafft, weil es lebendig ist. Und dieser Glaube blendet Niederlagen und Scheitern nie aus. Unzählige Menschen bezeugen, dass sie durch das Lesen der Bibel zum Glauben an Gott kamen, zu neuem, ewigem Leben. Quer durch die Geschichte, vom Kirchenvater Augustin über Martin Luther bis hin zu Dietrich Bonhoeffer.

Auch viele bekannte Sportler, die überzeugte Christen sind, haben ihren Weg zu Christus über sein Wort gefunden. Bernhard Langer, einer der besten Golfer der Welt, berichtet, wie er nach dem Gewinn der US-Masters von Kollegen zu einer Bibelstunde eingeladen wurde. Heute gehört sie übrigens zur festen Tradition am Vorabend seiner Golfturniere. »Seit diesem Tag habe ich große Veränderungen in meinem Leben, dem Ehealltag und in meinem Verhalten anderen gegenüber erlebt«, erzählte Langer. Es gibt kaum ein Interview des hoch bezahlten Golfprofis, in dem er nicht das größte Kapital seines Lebens erwähnt: die Bibel und den Glauben an Gott. Durch sein Zeugnis sind zahlreiche Spitzensportler und Vertreter des öffentlichen Lebens Christen geworden, nicht zuletzt jener Berater der deutschen Führungselite, den ich bei »Ein Herz für Kinder« traf.

Die renommierte FAZ berichtete Mitte 2001 über Dirk Heinen, den erfolgreichen Torhüter von Eintracht Frankfurt. Im Abstiegskampf 1999 war er der überragende Spieler seiner Mannschaft. »Absolute Ruhe durch Gottvertrauen«, hieß die Überschrift zu dem Artikel ohne Häme, aber voller Hochachtung für den Glauben des jungen Fußballers. »Auf seinem Nachttisch liegt die Bibel«, schrieb die »Bild am Sonntag« nach einem Reporterbesuch im Trainingslager.

Alles begann, so sagt Dirk Heinen, bei Bayer Leverkusen, wo sich damals viele namhafte Profikicker zum Bibelkreis trafen. Die Brasilianer Paulo Sergio und Jorginho hatten ihre Kameraden dazu eingeladen. Dirk Heinen hat dort genauso eine Lebenswende erfahren wie der Dortmunder Heiko Herrlich. Eine Lebenswende durch das Lebensbuch: die Bibel. Dass ausgerechnet die zwei Deutschen später durch Krankheit und Verletzung mit dem Tode kämpfen mussten und ihren Lebensmut aus ebendiesem Lebensbuch schöpfen konnten – mehr als nur ein Zufall! Scheitern, aber niemals aufgeben, dazu gibt der christliche Glaube Kraft. »Vielleicht bürdet Gott gerade Christen viel auf, weil er uns ja tragen hilft«, erklärte mir einmal eine alte Dame, die selbst viel erlitten hat, voller Überzeugung.

Mit der Bibel kann man leben. Es ist keine fromme Pflichtübung, täglich seine Bibellese »absitzen« zu müssen. Obwohl es sicher gut ist, sich eine Ordnung zu geben. Denn für die Zeiten, wo man einmal »keine Lust hat«, ist eine feste Regel hilfreich. Ein Christ liest die Bibel, nicht weil er es muss, sondern weil er ohne Gottes Wort nicht leben kann.

Die Bibel ist Gottes Liebesbrief an uns. Hier schreibt er mit eigener Handschrift, was er für uns getan hat und noch tun will. Hier teilt er uns seinen Willen mit, damit wir leben können. Gottes Liebesbrief an uns – den will ich auf keinen Fall liegen lassen, sondern zuallererst lesen. Mit seinem Wort an mich starte ich in den Tag. Hier gibt es gültige Orientierung, Kraft zum Durchhalten und Energie zum Leben.

Gott mutet uns nicht zu, ein »Secondhand-Christsein« zu leben. Dass wir alles aus zweiter Hand erfahren. Sei es von Predigern und Pastoren oder von den berühmten wohlmeinenden Zeitgenossen. Gott schreibt uns selbst, ganz exklusiv. Seine Handschrift verrät: »Ich liebe Dich, deshalb lies mein Wort an Dich.« Und der Absender garantiert, dass dort die Wahrheit zu finden ist. Denn Jesus Christus selbst ist ja die Wahrheit. Dieser Anspruch war sein Todesurteil. Im Glauben verbindlich leben, das heißt: bleiben an diesem Wort.

Termine mit Gott

»Nimm und lies: die Bibel«, ist eine alte Werbung in der Berliner U-Bahn. So kam schon der spätere Kirchenvater

Augustin zum Glauben an Gott: »Tolle, lege!« – »Nimm und lies!« Wir brauchen die tägliche Begegnung mit Gott. Und die geschieht durch sein Wort. Dafür sollte man eine feste Zeit einplanen. Möglichst morgens, bevor man in den Tag startet. Denn Gottes Wort will unser Tagesbefehl sein. Unsere Parole und Ration, mit der wir leben können.

Wir aber stimmen oft in das weitverbreitete Klagelied dieser Welt ein: »Wir haben keine Zeit!« Das ist das Glaubensbekenntnis des modernen Heidentums. Denn wer die Ewigkeit verloren hat, dem fehlt auch die Zeit. Wer von der Ewigkeit nichts weiß, der muss die knappe Spanne seiner Jahre mit hängender Zunge hetzen, dass er nur ja herausholt, was eben herauszuholen ist. Es ist auch ein Zeichen von Gottlosigkeit, keine Zeit zu haben. Wer die Ewigkeit hat, der hat auch Zeit.

»Kauft die Zeit aus!«, mahnt Paulus. Wir wollen unsere Zeit als etwas Wertvolles behandeln. Als Chance, als Gnadenzeit. Deshalb wollen wir sie mit Leben füllen und nicht totschlagen. Wir wollen unsere Zeit nicht verschwenden, sondern verschenken, und zwar an den Geber: Gott. Ihm und seinem Wort wollen wir viel Zeit schenken. Und dann auch Zeit für das haben, was wir tun müssen.

Wer viel zu tun hat in Alltag und Beruf, der sollte auf jeden Fall einen geordneten Terminkalender führen. Obenan sollte der wichtigste Eintrag stehen: mein Termin mit Gott. Und auf den will ich mich jeden Tag freuen. Gott nimmt sich viel Zeit für mich. Sollte ich da geizig sein? Der Christ hat »Lust am Gesetz des Herrn«, heißt es in Psalm 1,2. Die lateinische Bibelübersetzung, die Vulgata, schreibt dafür: delectare. Von diesem Verb kommt unser bekanntes Wort »Delikatesse«. Die Stille Zeit, das Lesen in der Bibel, ist für mich also Delikatesse. Und die will ich auf keinen Fall verpassen.

Hermann Dietzfelbinger, der langjährige Ratsvorsitzende der EKD, schreibt: »Es ist ein großer Unterschied, ob man den Tag als ein selbst Planender oder als ein auf Gott Hörender beginnt. Wie ganz anders muss der Tag aussehen, wenn Gott selbst mit seinem Wort mich alle Morgen weckt und mir den Tag zum Geschenk gibt. Man mag es Morgenwache oder Stille Zeit nennen: Es sollte niemand auf diese Minuten am Morgen verzichten, wo man unter einem biblischen Wort den Tag bedenkt.«

Deshalb planen Sie die Stille Zeit fest ein. Suchen Sie dafür einen ruhigen Ort. Behandeln Sie die Bibel als Arbeitsbuch. Unterstreichen Sie das, was Sie froh macht. Schreiben Sie sich ungeklärte Fragen auf und besprechen Sie diese mit anderen Christen. Lesen Sie auch die angegebenen Parallelstellen. Durch das Blättern in der Bibel erkennen Sie, wie das Wort Gottes letztlich eine geheimnisvolle, wunderbare Einheit bildet. Es ist hilfreich, sich Notizen zu machen. Keine Hilfe, die uns die Konzentration erleichtert, sollte uns zu viel sein.

Hilfen, an Gottes Wort zu bleiben, sind auch die verschiedenen Bibellesepläne (zum Beispiel vom Bibellesebund oder dem Diakonissenmutterhaus Aidlingen). Hier werden für jeden Tag fortlaufend Abschnitte angegeben und auch erklärt. Johannes Busch, früher Bundeswart im CVJM-Westbund, unterscheidet drei Arten von Bibellesen. Die erste ist der »Schluck aus der Feldflasche«. Der müde, durstige Wanderer nimmt ihn, wie wir das tägliche Bibelwort der »Losungen«. Die zweite Art ist das »Satttrinken an der Quelle«. Man lässt sich Zeit, einen Bibelabschnitt gründlich durchzudenken und durchzuarbeiten. »Das verschlingende Lesen« ist die dritte Betrachtungsweise der Bibel. Damit meint Busch das Lesen ganzer biblischer Bücher in einem Stück. Dabei entdecken wir Zusammenhänge und Hauptlinien.

Bleiben an Gottes Wort – das ist die verbindliche Stille Zeit, in der ich den Liebesbrief Gottes an mich lese. Mein Termin mit Gott ist fest eingeplant. Da lasse ich mich durch nichts anderes stören. Denn damit – und allein damit! – kann ich leben. Für Altbundespräsident Johannes Rau war das tägliche Lesen der »Losung« und der Bibel eine Art Vitaminspritze, die dem Tag Kraft und Perspektive gibt.

Siegen lernen

Es hat keinen Sinn, die Bibel als ein Stück frommer Pflichtlektüre zu betrachten oder gar als klassische Erbauungsschrift der Weltliteratur. Gottes Wort ist nichts für distanzierte Feinschmecker. Es ist Delikatesse für den, der bereit ist, den Weg von der Erkenntnis zum Gehorsam zu gehen. In der Bibel offenbart uns Gott seinen Willen. Er fordert uns zum Gehorsam heraus. Aus dem Lesebuch muss ein Lebensbuch werden. Meine Antwort auf Gottes Wort ist Verantwortung.

Eine der erfolgreichsten Hollywood-Produktionen, ausgezeichnet mit vier Oscars, dem Golden Globe und anderen internationalen Preisen, ist ein spannendes Zeugnis von Menschen, die Gott gehorsam sind und sein Wort höher achten als die Ansprüche der Welt. »Die Stunde des Siegers« (der Originaltitel »Chariots of Fire« ist ein Bibelzitat!) ist eine wahre Geschichte und handelt von zwei britischen

Leichtathleten, die 1924 an den Olympischen Sommerspielen in Paris teilnehmen. Für Furore sorgen sie durch ihre exzellenten Lauf-Leistungen und durch ihre Weigerung, aus Glaubensgründen an bestimmten Tagen an den Start zu gehen. Der Jude Harold Abrahams will unbedingt den 100-Meter-Lauf gewinnen, um es den Antisemiten an seiner Universität Cambridge zu zeigen. Der Christ Eric Liddell will nicht an Läufen teilnehmen, wenn sie am Sonntag sind. Sein Team-Kollege Lord Lindsay überlässt ihm daraufhin seinen Startplatz für die 400-Meter-Rennen, die alle an einem Wochentag stattfinden. Während des Finales seiner 100-Meter-Spezialdisziplin steht Liddell auf einer Kanzel in Paris und predigt. Die Stunde des Siegers! An ihn erinnert ein vielfach ausgezeichneter Film, die Namen der Medaillengewinner dürfte niemand mehr kennen.

Einer der führenden Unternehmensberater, Topadresse im deutschsprachigen Raum für die Spitzenmanager großer Konzerne, berichtet von einem Vorstandsmitglied, den er nach seinem Lebensziel fragte. »Vorstandsvorsitzender natürlich«, war die prompte Antwort. Darauf der Berater: »Ich kenne einige, die diese Position erreicht haben und ganz oben auf der Leiter angekommen sind. Da oben ist ein kleines Schild angebracht, das nur die lesen können, die eben ganz oben angekommen sind.« Ob er ihm denn den Inhalt verraten könne? Ausnahmsweise! Auf diesem Schildchen steht: »Hier ist das Ende der Leiter.« Dass Karriereziele begrenzt sind und das Leben nicht nur aus Spaß besteht, das wollen wir nicht wahr haben. Ohnmacht und Schwäche, Scheitern und Niederlagen sind Fremdwörter für eine strahlende Fassaden-Kultur.

Ein Wirtschaftsprofessor aus den USA bat seine Studenten, eine Woche lang mit folgender Übung zu leben: »Nehmen Sie an, Sie hätten nur noch dieses eine Semester zu leben. Führen Sie Tagebuch, wie Sie es verbringen.« Da tauchten plötzlich Werte auf, die vorher unbekannt waren. Die Studenten besuchten ihre Eltern häufiger, versöhnten sich mit Geschwistern und Freunden, gingen völlig anders miteinander um. Werte wie Liebe und Dankbarkeit und das, was ein Leben wirklich reich macht, wurden zur Hauptsache. Alles bekam einen neuen Wert, weil man die Dinge plötzlich vom Ende her betrachtete. Beim Sieg kommt es einzig auf das Ende an. Knapp vorbei ist auch daneben.

Doch wir opfern heute die Gesundheit der Karriere, um einen Haufen Geld zu verdienen. Um dann in der zweiten Hälfte unseres Lebens einen Haufen Geld zu opfern, um uns unsere Gesundheit zurückzuverdienen. Für den Erfolg opfern wir das, was man durch keinen Erfolg bezahlen kann.

Gott spielt mit offenen Karten

Es gehört zur Verlogenheit so manch frommer Diskussion, dass wir dauernd danach fragen, wie man denn heute im 21. Jahrhundert den Willen Gottes erkennen kann. Man wäre ja so gern bereit, ihn zu tun, doch wie soll man ihn heute erkennen? Die Jünger damals hatten es einfach. Die konnten Jesus direkt fragen. Die hatten Direktkontakt zu Gott. Und überhaupt: Die Probleme der Welt sind doch heute ganz anders. Man wird ja das, was Jesus will, heute kaum noch in die Tat umsetzen können. Also lässt man es eben gleich sein und plant sein Leben nach seinen eigenen Vorstellungen. Autofahren ohne Straßenverkehrsordnung – na, dann viel Spaß …

Wo man den Willen Gottes erkennen kann? Heute wie zu allen Zeiten eindeutig und glasklar an einer einzigen Stelle: in der Bibel. Gott zeigt uns seinen Willen unmissverständlich in seinem Wort. In Psalm 103,7 heißt es: »Er hat seine Wege Mose wissen lassen, die Kinder Israel sein Tun.« Gott spielt mit offenen Karten! Wenn wir nur endlich einmal anfangen würden, das zu leben, was in der Bibel steht, die Frage nach dem Ort des Willens Gottes würde uns im Hals stecken bleiben. Das wäre eine Revolution, wenn wir gepackt würden von der Aktualität seines Wortes und nichts anderes könnten als darauf antworten: »Herr, auf dein Wort hin will ich's tun.« Damit die Kirche wieder auf die Beine kommt, riet der Leiter einer großen Jugendbewegung den Bischöfen, bei Entscheidungen eines zu fragen: »Welche Position würde ich vertreten, wenn es wirklich um die Verkündigung des Evangeliums gehen würde und ich keine Angst vor den Meinungen anderer Menschen und der Presse hätte?« Das wäre der Evangelisations-Vorbehalt, analog zum Finanz-Vorbehalt bei politischen Entscheidungen.

Jesus Christus lässt uns nicht ohne Weisung, bietet uns Werte an, mit denen wir in Führung bleiben können. Wer Christ sein will, der willigt ein in seinen Willen. Und den erfahre ich zuallererst in seinem Wort. Wenn ich die Bibel aufschlage, dann habe ich eine geistige Vorentscheidung zu fällen. Denn die Bibellese hat wahrlich nichts mit Sentimentalitäten zu tun, indem ich mir im Selbstbedienungsprinzip ein paar fromme Sprüche abhole. Gottes Wort ist Dynamit. Und ich muss einkalkulieren, dass er dadurch mein altes Leben total infrage stellt, es sozusagen wegsprengt, und mir neue Wege weist. »Die Bibel ist nicht dazu da, dass wir sie kritisieren, sondern dazu, dass sie uns kritisiert« (Sören Kierkegaard). Das muss ich wollen. Das muss ich einkalkulieren. Das ist eine Frage des Intellekts. Deshalb gilt, bevor ich das Wort Gottes aufschlage, diese Vorentscheidung: »Herr, ich will dein Wort ernst nehmen. Ich will es als Wahrheit für mich akzeptieren. Und ich will das, was du willst, auch tun.« Gemäß dem lebensklugen Ratschlag des 1989 von RAF-Terroristen brutal ermordeten Bankchefs Alfred Herrhausen: »Wir müssen das, was wir denken, sagen. Wir müssen das, was wir sagen, tun. Wir müssen das, was wir tun, auch sein.«

Darüber sollte man sich vorher klar werden – bei geschlossener Bibel: »Ich will tun, was Gott will.« Und dann sich dem Wort Gottes aussetzen. Nur machen wir oft genug den Fehler, dass wir nur das annehmen, was uns passt. Selektives Bibellesen. Vor Jahren sprach ich in der wunderschönen Christuskirche in Rendsburg. Sie war im 18. Jahrhundert die Garnisonskirche der dänischen Könige. Noch heute kann man die Loge sehen, in der die königliche Familie während des Gottesdienstes Platz nahm. Sie hat die Gestalt eines Erkers, von Fenstern umgeben. Wenn dem König die Predigt nicht passte, machte er die Scheiben einfach zu. Auch das ist eine Methode, sich dem Anspruch Gottes und seinem Willen zu entziehen.

Das ist kein verbindlicher Glaube, sondern feiger Betrug. Das Wagnis des Glaubens lautet: »Ich bin bereit, mich durch Gott total infrage stellen zu lassen. Ich bin bereit, seinen Willen zu tun. Ich will im Gehorsam bleiben.« Der Schriftsteller und Satiriker Mark Twain spitzt zu: »Mir bereiten nicht die unverständlichen Bibelstellen Kopfschmerzen, sondern diejenigen, die ich verstehe.« Das gilt auch für Karriereplanung, Partnerwahl, Lebenseinstellungen.

Wenn Gott mit offenen Karten spielt, dann will ich bereit sein, ihn in meine Karten sehen zu lassen.

Wer weiß schon, was Gott will

»Ich weiß mich so geführt.« Das ist einer der häufigsten Sätze frommen Vokabulars. Dieser Satz wird oft so apodiktisch dahingestellt, als hätte man gesagt: »Die Wiese ist grün.« Da hat man vielleicht nie einen anderen Christen zurate gezogen. Ja, man hat noch nicht einmal darüber gebetet oder Geduld im Bibellesen gezeigt. Wie oft wird eigenes Wunschdenken als Wille Gottes ausgegeben. Vor allem in Sachen Liebe! Wie viele Tragödien sind schon dadurch entstanden – bis hin zur Partnerwahl –, weil man naiv und egoistisch seinen eigenen Willen mit dem Willen Gottes gleichgesetzt hat. Man hält sich für einen gehorsamen Menschen, aber gehorcht seinem Wunschdenken.

Bei der Erkenntnis des Willens Gottes wirken verschiedene Faktoren zusammen: Wort und Geist Gottes, der Rat anderer Christen und der eigene Verstand. Grundlage aller Führungen ist das Wort Gottes. Aus ihm heraus wird das Leben eines Christen gestaltet. Das bewahrt mich davor, in private Willkür und egoistische Einseitigkeiten zu verfallen oder mein Handeln nur auf Gefühle und Meinungen zu bauen. Das bewahrt auch vor Minderwertigkeitskomplexen und Selbstüberschätzung. Der Heilige Geist leitet mich. Jesus Christus sagt selbst: »Er wird euch an alles erinnern, was ich euch gesagt habe« (Johannes 14,26). Das ist kein enthusiastisches Erlebnis, kein gefühlsmäßiger Rausch. Der Heilige Geist ist keine Sondergabe für besonders fromme Leute, kein Zusatzgeschenk mit Berechtigungsschein zum Zutritt für exklusive Zirkel. Der Heilige Geist wird jedem Christen in der Bekehrung geschenkt. Er hilft uns, die Bibel in die speziellen Situationen unseres Lebens zu übersetzen.

Er, der die Bibel selbst mitgeschrieben hat, macht sie uns jetzt wieder lebendig.

Es kann sein, dass jemand um eine Wegweisung Gottes ringt und plötzlich durch ein einziges Bibelwort die Antwort bekommt. Oft hat bei wichtigen Lebensentscheidungen das knappe Wort der täglichen »Losung« die Richtung gewiesen. Oder da spricht in der Stillen Zeit eine Bibelstelle so erstaunlich direkt zu mir, dass ich nun den Weg weiß. Dann fehlt nur noch der konkrete Schritt des Glaubens. Der große Erfolg des wohl größten Verkündigers der Neuzeit Billy Graham liegt im Cantus firmus aller seiner Predigten: »The Bible says« – »Die Bibel sagt«. Mit dieser Überzeugung ist er Präsidenten und Königen, Christen und Atheisten, Arm und Reich in aller Welt entgegengetreten, deshalb kamen Millionen zu seinen Veranstaltungen und saß die Intelligenz der Stanford University ihm zu Füßen. »Wir verbreiten das Evangelium mit Autorität«, das ist sein Erfolgsrezept. Nicht die abgespeckte Wellness-Variante eines weichgespülten Textes.

Man sollte es sich aber auch hier nicht zu billig machen. Immer wieder gerät man in die Gefahr, dass man genau das als Weisung Gottes »erkennt«, was die eigene Meinung bestätigt. Man nimmt eine Bibelstelle wie ein Orakel, weil sie einem gerade passt. »Mir ist klar geworden« – dieser Satz wird dann jedem geschwisterlichen Zweifel entgegengehalten. Auch wenn das noch so fromm klingt: Mit einem solchen Satz kann man auch auf ganz subtile Weise seinen eigenen Willen durchsetzen und die Mitchristen erpressen. Wir brauchen den Rat anderer Christen. Zur Fürbitte und dazu, dass sie in Distanz zu mir und in Bindung an Gott den von mir erkannten Weg beurteilen. Wir brauchen die

Mitchristen und die Seelsorge! Sonst verfallen wir dauernd dem Kurzschluss, unseren Plan mit dem Wollen Gottes gleichzusetzen. Wie viel Schaden und Enttäuschung hätten schon vermieden werden können, wenn man diese Regel beachtet hätte.

Auch der Verstand ist ein Werkzeug zur Erkenntnis. Es ist ein frommes Missverständnis, ihn in solchen Entscheidungsfragen schnell ausschalten zu wollen. Der vom Heiligen Geist erleuchtete Verstand ist nicht Hindernis, sondern Hilfe zur Erkenntnis des Willens Gottes. In aller Nüchternheit gilt es die Kosten zu überschlagen und seine Gaben zu entdecken. Als William Booth nach London kam und das Elend im Ostviertel sah, brauchte er keine weitere Inspiration. Er wusste: »Hier ist mein Platz.« So entstand die inzwischen weltweite Heilsarmee.

Natürlich gibt es auch hier Fälle, die gegen alle menschliche Vernunft sind. Bei Gott gibt es eben kein Schema. Gottes Führung scheint in unseren Augen manchmal völlig sinnlos und abwegig. Einen alten und kranken Mann ruft Gott nochmals in den Missionsdienst. Jedem Beobachter erschien dies widersinnig. Und doch kann er, Charles Studd, in Afrika eine Erweckung auslösen. Gott beruft nicht immer die Fähigsten, aber er befähigt die Berufenen. Gott liebt uns nicht, weil wir so wertvoll sind; wir sind so wertvoll, weil Gott uns liebt. Größte Bedeutung für die Erkenntnis des Willens Gottes hat das Gebet. Wer diesen »direkten Draht« zu Jesus Christus nicht abreißen lässt, der erfährt oft ganz organisch, wie der Herr das Leben Schritt für Schritt führt. Dicht bei Jesus bleiben, das ist die Parole. Er selbst hat uns die ganz praktische Leitung durch den Heiligen Geist zugesagt: »Er wird euch in alle Wahrheit leiten« (Johannes 16,13).

Der Befehl Gottes muss immer umgesetzt werden, sei es in die Füße oder die Hände oder sonst wie. Abraham bekam Wegweisung von Gott. Jetzt lag es an ihm: Richtet er sich nach Gottes Willen oder verweigert er den Gehorsam? Erst als er sich aufmachte, den Weg Gottes zu gehen, bekam er Stück für Stück neue Weisung und Klarheit. Hieraus können wir viel lernen. Denn allzu oft kommen wir im Glaubensleben nicht mehr vorwärts, weil wir den nächsten Schritt nicht tun wollen. Und das, obwohl er uns schon längst klar geworden ist, aber uns aus unserer Bequemlichkeit herausreißen will. Einen Weg erkannt man oft erst dadurch als richtig, indem man anfängt, ihn zu gehen.

Bei Gott gibt es keine Neutralität: »Eure Rede sei Ja oder Nein!« Entweder – oder. Jeder, der sein Wort hört, wird in eine Entscheidung gestellt. Man kann ablehnen oder spotten oder auf die Knie fallen, gleichgültig geht nicht. Für seelische Wellness kann man den Dalai Lama bestellen, bei Jesus ist immer Feuer unterm Dach. Er hat seine Hörer nie harmonisiert, er hat provoziert und polemisiert. Die einen wollten ihn daraufhin zum König, die anderen zur Schnecke machen. John Wesley, Sozialrevolutionär und einer der Urahnen der evangelikalen Bewegung, fragte seine Studenten, wenn sie vom Straßeneinsatz zurückkamen: »Hat sich jemand bekehrt? Hat sich jemand beschwert?«

Gehorsam gegenüber Gottes Willen und Führung heißt: Gehorsam gegenüber seinem Wort. Die Bibel ist kein Rezeptbuch, sondern Kursbuch für unser Leben. Gottes Generalstabskarte, auf der Weg und Ziel festliegen.

Trittbrettfahrer unerwünscht

Ungehorsam gegenüber Gott bedeutet Verlust der Vollmacht. Die braucht die Kirche, um der Gesellschaft zu dienen, so Dietrich Bonhoeffer: »Aber nicht so, dass sie ihr folgsam die Schleppe hinterherträgt und das Bestehende geistlich sanktioniert, sondern indem sie unserer Gesellschaft mit dem Licht der biblischen Botschaft vorangeht … wenn es ein guter Weg im Sinne Gottes für alle sein soll.« Wer Einfluss haben will und mit Werten in Führung gehen will, braucht Maß und Mitte, braucht Maßstäbe, an denen er Maß nehmen kann. Es geht also darum, von wem wir uns bestimmen lassen und wem wir gehorsam sind. Wer die Mitte unseres Lebens ist, wem wir verantwortlich antworten.

Das dauernde Geschrei nach Aktivismus ist oft nichts anderes als eine feige Flucht vor dem Willen Gottes. »Als sie das Ziel aus den Augen verloren, verdoppelten sie ihre Anstrengungen« (Mark Twain). Christen und Kirchen haben das zu tun, was sie in dieser Welt konkurrenzlos wichtig macht: Hoffnung geben, Ewigkeit ausstrahlen, Licht in die Finsternis bringen. Alles andere können Rotes Kreuz oder Gewerkschaften auch. Da lässt man sich seinen Fahrplan von der Welt diktieren und kommt sich dabei wahnsinnig fortschrittlich und modern vor. Die Welt spricht von »Toleranz« und der Ächtung jeden Wahrheitsanspruchs, und Christen werden die besten Marschierer. Die Welt warnt vor falscher Verinnerlichung und schon legen Christen die Bibel in die Ecke und krempeln die Ärmel hoch. Die Welt pfeift, wir tanzen …

Haben wir eigentlich noch den Mut, Gott als Mitte unseres Lebens zu behaupten und ihm allein gegen alles Gelächter der Welt gehorsam zu sein? Der bekannte polnische Philosoph und Schriftsteller Leszek Kolakowski erhielt den »Friedenspreis des Deutschen Buchhandels«. In seiner denkwürdigen Dankesrede in der Frankfurter Paulskirche sagte Kolakowski u. a.: »Die Kirche ist taub geworden, sie rennt mit der Zeit um die Wette; sie will neuzeitlich, fortschrittlich, leistungsfähig, trainiert, verwegen, motorisiert, wissenschaftlich und energisch sein. Die Christen fürchten weder Unglauben noch Häresie; sie fürchten nur noch das eine, dass sie jemand am Ende als rückständig, als mittelalterlich auslachen könnte.«

Im Gehorsam bei Jesus bleiben heißt: Er ist die Mitte. Er soll unseren Terminplan diktieren. Er setzt die Prioritäten. Wir unterstellen uns seinem Kommando. Denn seine Befehle machen unser Leben groß, weit und wertvoll. Wir *gehen* nicht in den Gottesdienst, wir *sind* im Gottesdienst. Immer, 24 Stunden am Tag. Der unvergessene Berliner Bischof Otto Dibelius hatte dies als Lebensmotto: »Ein Christ ist immer im Dienst.« Martin Luthers Devise: »Alles, was ihr tut, ist Gottesdienst.«

Wir müssen wieder zurück zur Mitte. Und das heißt: Wir müssen wieder fromm werden. Das hat nichts mit sentimentalen Gefühlen zu tun. Das heißt auch nicht, den Blick immer leicht schräg nach oben gerichtet zu haben, sich möglichst unmodern zu kleiden und vor lauter Demut im Erdboden zu versinken. Fromm sein heißt: Ich lasse Jesus Christus die Mitte meines Lebens sein. Er und sein Wort sind mir wichtiger als alle Forderungen dieser Welt. Die Ewigkeit ist mir wesentlicher als alles Gehabe unserer Zeit. Mein Herr und seine Gemeinde haben immer Vorrang. Deshalb will ich ihm und seinem Wort gehorsam sein. Und zwar mit vollem Einsatz. Nicht 99 Prozent, sondern 100! Paul Humburg, der rheinische Präses der Bekennenden Kirche, sagte rigoros und kompromisslos: »Sei ganz sein oder lass es ganz sein!« Gott braucht keine Trittbrettfahrer. Gott will keine halben Christen. Gott braucht Leute, die verbindlich im Glauben leben. Leute, die bei Jesus bleiben, indem sie ihm gehorsam sind. Leute, die fromm sind, indem sie das Wesentliche wesentlich nennen. Leute, die nur einen Wunsch haben: »Herr, dein Wille geschehe.«

Blaise Pascal, der große Denker des 17. Jahrhunderts, hat uns ein Gebet hinterlassen, das auch für uns Maßstäbe setzen kann:

Herr, ich bitte dich nicht um Gesundheit,
auch nicht um Krankheit,
nicht um Leben und nicht um Tod.
Aber darum bitte ich dich,
dass du verfügen mögest
über meine Gesundheit und über meine Krankheit,
über mein Leben und über meinen Tod
zu deinem Ruhm, zu meiner Errettung
und zum Nutzen der Gemeinde und deiner Heiligen,
deren einer ich durch deine Gnade sein möchte.
Du allein weißt, was mir dienlich ist,
du bist der unumschränkte Herr;
tue mit mir nach deinem Willen.
Gib mir oder nimm von mir,
nur mache meinen Willen übereinstimmend mit dem deinen!

Dieses Gebet des genialen Mathematikers und Philosophen Blaise Pascal, der lange nach der Wahrheit gesucht hat, bis er sie intellektuell (!) im christlichen Glauben fand, kann uns neu an Jesus Christus binden. Denn Pascal brauchte nach aller Logik des Denkens noch eine persönliche Begegnung mit dem lebendigen Gott. Und er musste eingestehen, um wen und was es letztendlich geht: »Der Gott Abrahams, Isaaks und Jakobs und nicht der Philosophen Gott!« Will sagen: der Gott der Geschichte, der heute noch erfahrbar ist als lebendiger, persönlicher Gott, und nicht der von Menschen gedachte und gemachte Gott, über den man in akademischer Distanz diskutiert. Es ist bewegend, wenn gestandene Unternehmer und Politiker zum Beispiel auf den »Kongressen christlicher Führungskräfte« in schlichten Worten über ihre Bekehrung berichten. Menschen mit beiden Beinen auf der Erde, erfolgreich oder gescheitert, die überwältigt wurden durch die Realität des lebendigen Jesus Christus. Die sich ihm im Gebet anvertraut haben und sich heute ihren Alltag ohne diesen Dauerkontakt nicht mehr vorstellen können. Denn Gebet bezieht sich ja nicht auf ein Ritual, sonders aufs Leben.

Auf die Frage, wie er die dauernde Häme und Kritik an seinem engagierten Glauben aushält, sagte mir ein Unternehmer: »Indem ich aus Lebenserfahrung weiß, dass die schärfsten Kritiker in Wahrheit die größten Suchenden sind. Blanker Neid auf den Glauben schlägt in blanken Hass um, aus der Biografie begründet.« Man kann es auch anders machen. Um die Vertraulichkeit zu wahren, anonym: Einer der beliebtesten deutschen Schauspieler erzählte mir bewegt und bewegend von einem bekannten TV-Moderator, kurze Zeit vor beider Tod. »Wir sind dicke Freunde, haben zu 99 Prozent die gleiche Meinung, die gleichen Interessen. Wenn er nur nicht immer in seine Gemeinde laufen würde und so fromm wäre.

Aber um was ich ihn beneide: Er hat überhaupt keine Angst vor dem Tod. Er regelt alles mit Bibel und Gebet.« Was für eine Sehnsucht! Ich habe noch den Brief, den er mir mit zittriger Hand kurz vor seinem Tod geschrieben hat, eine ergreifende Antwort auf mein Buch »Leid – Warum lässt Gott das zu?«. Allein wegen der Echos auf dieses Buch, das inzwischen wieder völlig neu und aktualisiert erschienen ist, hat sich mein ganzes Schaffen schon gelohnt. Im Sterben zählt nur das Echte, da verstummt jedes Argument des Unglaubens.

Beter bewegen die Welt

Wer Gottes Willen tun will und von ihm gesegnet sein will, der muss stets »am Ball bleiben«. Das heißt: an Gottes Wort und im Gebet. Wie den Sauerstoff zum Atmen, so brauchen wir die Gebetsverbindung zum Glaubensleben. Denn Jesus Christus mahnt und verheißt in Johannes 15,7: »Wenn ihr in mir bleibt und meine Worte in euch bleiben, werdet ihr bitten, was ihr wollt, und es wird euch widerfahren.«

»Ich bete für Sie.« Diese vier Worte vereitelten eine Flugzeugentführung im Dezember 1971. Der Luftpirat fragte die Stewardess der Boeing 727 der »Wien Consolidated Airlines«, was sie gerade denke. Die völlig unerwartete und ruhige Antwort muss den Entführer wohl aus der Fassung gebracht haben. Jedenfalls stellte er sich in Vancouver freiwillig der Polizei.

»Bitte, hören Sie fünf Minuten zu!« – diesen ungewöhnlichen Titel gab das Massenblatt »Sport Bild« einer Ausgabe im Mai 2001 als Aufforderung an die Leser, sich für diesen wichtigen Artikel Zeit zu nehmen. Um was es ging, beschrieb der Redakteur so: »Man saß nur da, hörte zu und bewegte sich nicht mehr. Man vergaß das Glas Wein und alles um sich. Da sprach ein junger Mann mit einem freundlichen Gesicht von Leben und Tod. Und davon, wie ihn der Krebs durch die Kunst der Ärzte und die Gnade Gottes wieder dem Leben zurückgeben musste. Der Auftritt von Heiko Herrlich im ZDF-Sportstudio war vielleicht eines der wichtigsten TV-Ereignisse dieses Jahres. Borussia Dortmunds Stürmer Heiko Herrlich, kahlköpfig, bleich, die braunen Augen in tiefen Höhlen. Und trotzdem hat sein Lächeln alle verzaubert, als er sagte: ›Ich danke Gott für seine Hilfe.‹ Selbst hartgesottene Sportreporter hatten Tränen in den Augen.«

Die Diagnose Hirntumor war Herrlichs sicheres Todesurteil, ein Schock für die Bundesliga und die Nationalmannschaft. Doch nach 120 Tagen härtester Strahlentherapie ist die Krankheit besiegt. Wie er das geschafft habe? Die Antwort kommt mit fester Stimme: »Nach dem ersten Schock habe ich viel gebetet. Ich bin ein gläubiger Mensch. Jesus hat mir den Trost, die Kraft und den Frieden gegeben, um das alles zu überstehen. Ja, ich habe immer wieder gebetet und viele haben das für mich getan.« Die Bild-Zeitung druckt später in riesigen Lettern neben das Bild des Profifußballers die sechs Worte: »Ich danke Gott für seine Hilfe!«

Als Heiko Herrlich nach seiner ersten Pressekonferenz das Podium im Westfalenstadion verlässt, dreht er sich noch einmal zu den 80 Sportjournalisten um: »Ich möchte nur noch einen Appell an alle richten: Glaubt an Gott!« Sein Trainer habe die Devise: Scheitern ist keine Option, denn Niederlagen sind zum Aufstehen da. Wer dem Tod einmal ins Auge gesehen hat, der weiß um die Hand von Jesus Christus, der einem aufhilft und ins Leben zurückholt.

Was stimmt denn nun? Der so modern klingende Rat des lateinischen Klassikers Ovid: »Verliere keine Zeit durch Beten«? Oder die Gewissheit des Theologen August Tholuck: »Beten heißt Teilnahme an der Weltregierung Gottes«? Beten – das ist entweder der größte Unsinn aller Zeiten oder aber die erregendste Möglichkeit der Weltgeschichte. Gebet bewegt die Welt – und Gott! Wir haben keinen fatalistischen Schicksalsglauben. Unser Gott hat keine unveränderlichen Pläne. Er lässt sich erweichen. Gott tut etwas, was er ohne unser Bitten nicht getan hätte. Da wird der judäische König Hiskia vor 2700 Jahren todkrank. Gott lässt ihm durch den Propheten Jesaja mitteilen: »Du wirst sterben.« Hiskia beginnt zu beten. Und Gott ändert seine Entscheidung: »Ich habe dein Gebet erhört; ich will dich erretten« (Jesaja 38). Oder denken wir an Abraham. Er betet für Sodom und ringt Gott eine Änderung seines Planes ab (1. Mose 18).

Niemals aufgeben! Nicht locker lassen! Das ist der Rat von Jesus, wenn er uns zu »unverschämtem Drängen« auffordert (Lukas 11,5–8). Wir sollten ihn beim Wort nehmen. Wer da nicht betet, begeht den größten Selbstbetrug seines Lebens. Er bringt sich um die größte Möglichkeit. Denn der Beter hat direkten Zugang zu Gott. Ohne Vorzimmer, ohne Anmeldung, ohne Instanzen. Gott hat immer für mich Zeit.

Wer betet, ist im Zentrum aller Dinge. So konnte der Dichter Reinhold Schneider in der dunkelsten Stunde Deutschlands sagen: »Allein den Betern kann es noch gelingen, das Schwert ob unsern Häuptern aufzuhalten.« Letztlich bewegt wird die Welt weder im Weißen Haus noch im Kreml. Da wird sie höchstens leicht erschüttert. Einzig weltbewegend ist das Gebet. »Der archimedische Punkt außerhalb der Welt ist eine Bet-Kammer, wo der wahre Betende in aller Aufrichtigkeit betet – er soll die Erde bewegen« (Sören Kierkegaard).

Wir sind Kinder des reichsten Vaters. Und den dürfen wir sogar »Abba« (Römer 8,15) nennen. Das ist das Wort eines israelischen Kindes, wenn es den Vater beim Kosenamen ruft. Die Grundhaltung des Betenden ist dieses Vater-Kind-Verhältnis. Und weil dieser Vater alles hat, deshalb nimmt er seinen Mund nicht zu voll, wenn er verheißt: »Bittet, so wird euch gegeben!« (Matthäus 7,7). Gott macht keine leeren Worte wie die Großmäuler dieser Welt. Er verheißt, weil er kann. Wenn er etwas verspricht, hat er sich noch nie versprochen.

Wer betet, gibt Jesus in seinem Leben Raum. Beten ist keine Körper-, sondern eine Lebenshaltung. Deshalb ist es falsch zu sagen: »Da kann man nur noch beten.« Als sei das der letzte Ausweg, nachdem man vorher als Selbermacher gescheitert ist. Beten ist eine Lebenshaltung und keine Notbremse. Bert Brecht irrt, wenn er in seinem Gedicht »Ozeanflug« meint: »Wenn ich fliege, bin ich Atheist.« Als gäbe es Lebensräume, mit denen Gott nichts zu tun hat! Im Gegenteil! Der Mensch ist ausgerichtet auf Gott. Deshalb kommt der französische Mediziner und Nobelpreisträger Alexis Carrel in einer Studie zu dem Schluss: »Das Gebet zu Gott ist eine Grundübung des Menschen. Der menschliche Geist braucht zur Weiterentwicklung die Ausrichtung auf Gott.«

Menschen ohne Gebet sind immer betrogene Leute. Sie können sich höchstens noch mit dem lächerlichen Vorurteil trösten, dass Beten zur Inaktivität führt und bekanntlich noch niemand mit gefalteten Händen gearbeitet hat. Übrigens: Mit gefalteten Händen hat auch noch nie jemand andere erschlagen! Erst das Gebet öffnet mir die Augen für das, was ich tun soll. Und wie – und vor allem: mit welcher Kraft. So wie es Martin Luther formuliert: »Man muss beten, als ob alles Arbeiten nichts nützt, und arbeiten, als ob alles Beten nichts nützt.« Das Gebet hält uns nämlich nicht von der Arbeit ab. Im Gegenteil. Es bestimmt unser Handeln und unseren Arbeitsstil. Wer betet, hat offene Augen für seine Umwelt. Gerade weil er seine Mitmenschen bei Gott »abgeben« kann, wird er frei, sich um sie zu kümmern. »Wie unser Gebet ist, so ist unsere Arbeit, so ist unser Einfluss auf unsere Mitmenschen« (Karl Heim). Deshalb sprechen christliche Führungskräfte in Interviews oft (auch ungefragt) über die Kraft des Gebetes, ob die Schuh-Deichmanns, die Underbergs, BA-Chef Weise oder BDI-Vorstand Loh.

Der Beter ist weltzugewandt. Er nimmt den Auftrag Gottes ernst, »dass man vor allen Dingen tue Bitte, Gebet, Fürbitte und Danksagung für alle Menschen, für die Könige und für alle Obrigkeit« (1. Timotheus 2,1–2). Das hat zur Folge, dass man sich für die Dinge dieser Welt interessiert, und zwar in des Wortes ursprünglicher Bedeutung. Mit »inter-esse« meint der Lateiner: dabei sein. Wir sind mittendrin. Nur lassen wir uns von der Welt weder vereinnahmen noch erdrücken. Wir nehmen sie mit in unser Gebet. Das macht uns dann den Blick frei für das, was wir tun können. Der Beter wird sich nie zu verzetteln brauchen, weil Gott den Blick auf das Wesentliche lenkt. Als Christen fliehen wir nie aus der Welt, aber immer ins Gebet.

Wo gebetet wird, wird die Welt bewegt, wird Segen erwirkt. Wie viele Großeltern haben schon ihre Kinder und

Enkel »zurechtgebetet«, dass sie – oft erst nach Jahrzehnten – den Weg zu Jesus fanden. Vor solchen Leuten ziehe ich den Hut. Nicht vor denen, die in selbstgefälliger Kraftprotzerei und jugendlichem Leichtsinn meinen, Gebet sei überflüssig. Denn Gebet ist ein wichtiger Wert, um in Führung zu bleiben. Einer der jugendlichen Straftäter aus dem »Seehaus« sagte zu seiner Motivation, endlich den Teufelskreis der Kriminalität zu durchbrechen: »Ich will, dass meine Mutter stolz auf mich ist.« Und als Zweites: »Ich will, dass Gott etwas mit mir anfangen kann.« Anfangen durch Neuanfang.

Ich kann nicht (mehr) beten

Müdigkeit macht sich breit. Auch unter Christen. Wie wenig wird bei uns noch gebetet! Viele sagen: Ich kann einfach nicht mehr beten; das Konzentrieren fällt mir so schwer; mir fehlen oft die Worte. Der enge Kontakt zu Jesus ist zu einem Wackelkontakt geworden.

Man kann sich die schönste Taschenlampe kaufen, die wattstärksten Glühbirnen, die besten Batterien. Und man schraubt alles zusammen, drückt auf den Knopf, erwartet das Licht – und es bleibt dunkel. Warum? Weil zwischen den Polen der Batterie und der Glühbirne ein kleines Papierschnipselchen steckt. Es behindert die Stromzufuhr und damit das Leuchten. Bei vielen ist das Glaubensleben kalt und dunkel, weil die Energie fehlt. Im Gebet haben wir einen direkten, heißen Draht zu Gott. Da darf nichts dazwischenkommen. Und wenn, dann muss es sofort weg. Unvergebene Schuld stört den Kontakt zu Gott. Denn Sünde

– so des Wortes ursprüngliche Bedeutung – sondert uns von Gott ab. Der Draht zum Vater ist unterbrochen. Wir haben den Anschluss verloren. »Eure Verschuldungen scheiden euch von eurem Gott« (Jesaja 59,2). Sündennot ist meistens die Ursache unserer Gebetsnot.

Wenn ein Kind etwas ausgefressen hat, dann kann es Eltern oder Lehrern nicht mehr in die Augen blicken. Es geht ihnen aus dem Weg. Das schlechte Gewissen treibt in die Isolation. Sünde macht einsam und freudlos. So geht es vielen Christen. Sie sind gebetsmüde, weil unvergebene Schuld sie von Gott trennt. Die oft geäußerte Klage »Warum erhört Gott meine Gebete eigentlich nicht?« hat auch darin ihren Grund: »Wenn ich Unrechtes vorgehabt hätte in meinem Herzen, so hätte der Herr nicht gehört« (Psalm 66,18). Erhörung der Gebete ist denen verheißen, die bei Jesus und seinen Geboten bleiben. Jesus dient ja nicht zur Zwangsbeglückung von Glaubenslosen, bei ihm gilt die Mitbestimmung. Wo die Verbindung zu ihm durch Sünde unterbrochen ist, kann und will Gott auch nicht segnen. Wir selbst sind es also, die den Draht zu Gott zerschnitten haben und seinem Segen im Weg stehen.

Der »Störsender« bei unserem Kontakt zu Gott ist der Teufel. Für ihn ist oberstes Ziel, ein Gespräch mit Gott zu verhindern. Wir sollten dem Feind des Lebens also keinen Raum lassen. »Der Teufel steigt gern da in den Garten, wo der Zaun am niedrigsten ist« (Martin Luther). Papst Franziskus rechnet, wie schon seine Vorgänger, konkret mit der Macht des Teufels. Er redet da auch gar nicht um den heißen Brei herum: »Was nicht von Christus ist, das ist vom Teufel.« Da mag all die aufgeblasene Pseudointelligenz noch sosehr den Kopf schütteln. Bei Gebetsnot hilft eigentlich nur ein

Gebet: »Herr, vergib und nimm das weg, was mich von dir trennt, damit wir wieder einen störungsfreien Kontakt haben.« Vergebung und regelmäßiges Gebet können zu einer Mauer werden, die dem Teufel, der dämonischen Macht der Zerstörung, das Eindringen verwehrt.

Beten wird auch dort Not machen, wo wir an der Verheißung Gottes zweifeln, unser Gebet zu erhören. Damit stellt man nämlich Gottes Allmacht infrage und sich selbst ins Abseits. »Wer zweifelt, der … denke nicht, dass er etwas von dem Herrn empfangen werde« (Jakobus 1,6–7). Oder es fehlt an Geduld, auf Gottes Antwort zu warten. Wer Gott zum Groschenautomaten degradiert, der das Erbetene ganz schnell »auswirft«, wird immer leer ausgehen.

Viele werden in ihrem Gebetsleben müde, weil sie in ihren Anliegen völlig falsche, überzogene Motive haben. Als müsse Gott nun unbedingt alles das tun, was wir gerade wollen. Als der Schöpfer und Erhalter unserer Existenz weiß aber nur er allein, was gut für uns ist. Deshalb hat er ein Recht darauf, dass wir in kindlichem Vertrauen sagen: »Herr, nicht mein, sondern dein Wille geschehe.« Gebetsnot entsteht auch da, wo ich diese Perspektive aus den Augen verliere: dass Gott nicht nur die Erfüllung meiner augenblicklichen Wünsche, sondern die weite Zukunft meines Lebens im Blick hat. Oft stellt sich gerade die Nicht-Erfüllung im Nachhinein als richtig heraus. Nicht vergessen: »Es gibt erfülltes Leben trotz vieler unerfüllter Wünsche« (Dietrich Bonhoeffer).

Entscheidend ist die Beständigkeit des Betens. Gebet ist nicht nur Notruf in Krisenzeiten, sondern eine Dauerschaltung zu Gott. Ganz praktisch: mitten bei der Autofahrt, am Arbeitsplatz, in der Schule, bei der Hausarbeit ganz konkret mit Gott reden. Dass man über seine augenblickliche Situation die Macht Gottes ausruft, indem man Jesus beim Namen nennt. Das bedarf weder geschlossener Augen noch gefalteter Hände.

Wir dürfen ständig mit Gott reden, aber wir sollten feste Gebetszeiten einplanen. Wer nicht zu bestimmten Zeiten betet, der betet auch nicht zu unbestimmten. Feste Gebetszeiten sind bewahrende Bastionen. Sie sind eine hohe Mauer, die das Eindringen teuflischer Mächte in unser Leben verhindert. Früher mahnte die Zwölf-Uhr-Gebetsglocke den Bauern auf dem Feld, mit der Arbeit einzuhalten und zu beten. Auch heute sollten wir feste Zeiten einplanen, die dem Gespräch mit Gott gehören.

Wir brauchen beides: das private Vieraugengespräch mit unserem Herrn (Matthäus 6,6) und das Beten in der Gemeinschaft (Apostelgeschichte 2,42). Viele der in diesem Buch genannten Persönlichkeiten nennen ausdrücklich das gemeinsame Gebet eine Hilfe im Alltag. In die Gebetsgemeinschaft mit anderen Christen gehört jedoch Disziplin. Nichts ist schlimmer als überlange Gebete. Sie sind lieblos, weil sie von den anderen meist nur durchlitten werden. Wie oft ertappen wir uns dabei, dass wir beim Gebet des anderen schon unser eigenes vorbereiten. Kurze Gebete ermutigen andere, an den Gedanken dann anzuknüpfen.

Anschließend wird ja alles durch das »Amen« zusammengebunden und bekräftigt. Dieses Wort ist mehr als eine bloße Formel, eine Schlussfloskel oder ein Signal, dass jetzt ein anderer weiterbeten kann. Amen bedeutet: Ja, so soll es geschehen. Und das setzt voraus, dass man laut und deutlich spricht, um sich den anderen verständlich zu machen. Aber auch, dass man konzentriert zuhört, um dann sein Amen dazuzusetzen.

Wer betet, ist still vor Gott. Und Stille führt immer zu einer angemessenen Form. Form und Inhalt gehören zusammen wie Feuer und Flamme. Flegelhaftes Hinlümmeln und fahrige Unruhe können nie ein Zeichen innerer Sammlung sein. Ich halte es weder für altmodisch noch für unwürdig, zum Gebet zu knien. Wir sollten uns an diese gute Tradition wieder neu erinnern. Im Gespräch mit Gott haben wir es nicht mit einem Kumpel zu tun, sondern mit dem Herrn der Welt. Übrigens: Wer vor Gott kniet, der kann anschließend vor Menschen gerade stehen. Wir sollten uns auch überlegen, ob es sinnvoll ist, Gott wie einen Allerweltsfreund oder Trainingskumpel anzureden.

Als die Jünger ihren Herrn baten: »Lehre uns beten«, da sagte Jesus nicht einfach: »Redet mit mir; schüttet mir euer Herz aus.« Er gab ihnen ein fest formuliertes Gebet (Lukas 11). Ja, er warnt sogar vor dem Viele-Worte-Machen nach Art des heidnischen Geplappers, bevor er ihnen das Vaterunser gibt (Matthäus 6,7–13). Wie hilfreich können vorformulierte Gebete sein! Welch ein Segen liegt darin, wenn in einer Gemeinschaft zusammen ein Psalm gelesen wird, man sich einen Vers des Gesangbuches zum Gebet macht. Hierin wird sich einmal das Elend modernen Religions- und Konfirmationsunterrichts zeigen, dass man aus Angst vor Leistungsforderungen das Auswendiglernen abgeschafft hat. Jedes Lied, jeder Psalm ist ein kostbarer Besitz. Ein Gebetsreichtum für alle Zeiten, in denen einem die eignen Worte fehlen.

Hier trifft die englische Übertragung von »auswendig lernen« das Zentrum der Dinge: to learn by heart. Gelerntes Glaubensgut ist ein unauslöschbarer Schatz für das eigene Herz. Es war einzige Rettung für viele, die in KZs, Arbeitslagern, Gefängnissen oder auch auf Krankenstationen leiden mussten. Das Ererbte ist wie eine eiserne Ration, Texte, die wach werden und machen, wo wir in Resignation ermüden. Die liberale ZEIT schrieb 2014 über »Das Tröstliche der Weihnachtslieder«: »Um das Weihnachtsliedgut liegt bei pubertierenden Kindern ein Bannkreis der Scham und des Peinlichen … Es folgen dann die Jahre der Abwehr, wenn man lieber ernst und cool als ›froh und munter‹ sein möchte. Das sind die Jahre des Leidens an den Familienritualen. Und dann, kaum ist man erwachsen, begreift man, dass man sich durch nichts mehr bei sich fühlt als durch das, was die eigenen Eltern einen einst gegen den heftigsten Widerstand zu singen genötigt haben. Das Tröstliche rührt einen nun selbst.« Intakte Familien als Kraftquelle, Lieder und Gebete als Herzschrittmacher!

Der Beginn jeden Gebetes ist die Anbetung. Denn die gebührt Gott. Ebenso wie der Dank. Dass uns so schnell die Bitten über die Lippen kommen, ist ein Zeichen geistlicher Disziplinlosigkeit. Die Grundhaltung eines verbindlichen Lebens ist die Dankbarkeit. Es folgt das Bekenntnis des eigenen Versagens mit der Bitte um Vergebung.

Erst dann darf ich mit der Unbefangenheit eines Kindes den Vater bitten. Gebet ist eine Möglichkeit ohne Grenzen, deshalb dürfen auch meine Bitten grenzenlos sein. Alles jedoch unter dem Leitwort: »Herr, dein Wille geschehe.« Fürbitte bewirkt keine Flucht, sondern Verantwortung: Sie macht mich aufmerksam gegen meine Umwelt. Denn ich kann nur für den beten, dem mein Interesse und meine Teilnahme an seinem Leben und Ergehen gehören. Den wahren Beter erkennt man an seiner Aufmerksamkeit anderen gegenüber. Gebet ist nichts für Weltflucht, sondern für Weltzugewandtheit. Das sollten sich Kritiker hinter die Ohren schreiben, die Beter für verinnerlichte Fantasten halten.

Wer betet, der bekommt Ordnung in sein Leben. Er verlässt den eigenen Standort und begibt sich in die Nähe Gottes. »Betet!«, ruft uns Hermann Bezzel zu, »betet! Durch Gebet weicht der Staub von der Seele und die Last vom Gewissen und die Angst aus dem Herzen. Der Mensch wird frei, die Fesseln fallen. Gebet ist Zusammenschluss mit dem Erlöser.«

Und der garantiert grandiose Gebetsverheißungen, hier in Jochen Kleppers Gedicht gefasst:

Die Hände, die zum Beten ruhn,
die macht er stark zur Tat.
Und was der Beter Hände tun,
geschieht nach seinem Rat.

Gesellschaft mit begründeter Hoffnung

Das Gespräch mit Gott fordert das Gespräch mit Menschen geradezu heraus. In Qualität von Kommunikation erweist sich wahre Führungsqualität – daran scheitern viele Unternehmer. Christen dürfen keine Unterlasser sein, wenn es um die Weitergabe gelebten Glaubens geht. Glaube führt niemals zum Rückzug aus der Welt, wie ahnungslose Zeitgenossen nicht müde werden zu behaupten. Wer in der Fürbitte seinen Nächsten zu Gott bringt, wird auch Gott zu seinem Nächsten bringen. Er wird als Zeuge seinen Herrn bekennen. »Wir können's ja nicht lassen, von dem zu reden, was wir gesehen und gehört haben« (Apostelgeschichte

4,20). Das erklärten Petrus und Johannes vor dem Jerusalemer Hohen Rat, als man sie mundtot machen wollte. Trotz drohender Strafen und gewaltsamen Todes hielten sie daran fest: »Wir sind Botschafter an Christi statt, wir schweigen nicht, von Gott zu reden.«

Das Blut der Märtyrer ist der Same der Erweckung, wie es richtig heißt. Da, wo Glaube selbst im Tod noch standhält, werden selbst die Feinde nachdenklich. Das war schon bei der Kreuzigung von Jesus Christus so. Und das gilt bis heute. Christen sind die meistverfolgte Religionsgruppe der Welt, so die UNO-Zahlen 2015. Doch da, wo die Verfolgung am stärksten war, sind Glaube und Gemeinde auch am stärksten gewachsen. Siehe den ehemaligen Ostblock oder China und Nordkorea.

Christen dürfen sich auch heute nicht zum Schweigen bringen lassen, weder durch Spott noch in Verfolgung. Sie sind Führungskräfte mit klarem Ziel, mit Maß und Mitte. Sie haben ein Wissen um den Weg des Lebens, das sie nicht für sich behalten dürfen. Wer selbst als Christ mit Jesus lebt, der hat nur ein Interesse: andere ebenfalls in diese Lebensverbindung zu rufen. Ich gehe der Ewigkeit entgegen und nehme aus der Zeit möglichst viele Menschen mit. Der streitbare Kölner Kardinal Meisner sagte bei seiner Verabschiedung: »Gemessen werde ich zum Schluss nur daran, wie viele Menschen ich zu Jesus mitgebracht habe.« Das hat mit Zwangs-Verchristlichung nichts zu tun, denn Liebe lässt sich nicht erzwingen. Aber erleben wir heute nicht vielmehr eine Zwangs-*Ent*christlichung?! Der Medienunternehmer Klaus Kelle sagte auf dem Hamburger Kongress christlicher Führungskräfte Anfang 2015: »In 45 Jahren ›Tatort‹ habe ich noch nie eine Sendung erlebt, in der der Kommissar verheiratet ist, Kinder hat und in die Kirche geht. Ich wünsche mir mal einen ›Tatort‹, in dem der Kommissar aus dem Gottesdienst zum Einsatz gerufen wird.«

Der Auftrag der Bibel lautet unmissverständlich: »Gutes zu tun und mit andern zu teilen vergesset nicht; denn solche Opfer gefallen Gott« (Hebräer 13,16). Wir wollen Menschen Gutes tun, indem wir Christus mit ihnen teilen. Deshalb der Appell des Psychiaters und Bestsellerautors Manfred Lütz: »Christen, kennt und bekennt euren Glauben! Und macht das ohne Fachchinesisch von der Kanzel, sondern so, dass die Aldi-Verkäuferin es versteht!« Die Pseudo-Akademisierung biblischer Botschaft, ganz zu schweigen von dem schwachsinnigen Wichtigtu-Sprech Denglish, das mit Worshippen und Prayer-Abenden kokettiert und nicht merkt, wie lächerlich man sich damit macht, macht aus einem Golf noch keinen Ferrari. Im Gegenteil! In einem frommen Blatt träumte der Brunnenfrosch wohl vom ganz großen Ozean: »Alles, was sich strukturell verändert, besteht seinen Stresstest auf dem Hintergrund folgender Frage: Ist diese Struktur flexibel genug, um sich den ständig verändernden Sozialräumen und der uns aufgetragenen Gemeinwesensorientierung und gesellschaftlichen Relevanz unserer Arbeit immer neu anpassen zu können?« Ach, könnte man Ihnen doch helfen!

Im Sinne von Lebensevangelisation will Jesus Christus ohne intellektuelle Schnörkel klar bezeugt werden. Aktuelles Beispiel: die Biografie der US-amerikanischen Profi-Snowboarderin mit Olympia-Gold Kelly Clark. Sie traf ein Wort einer Kollegin ins Herz, die ihre Sportfreundin, die aus dem Wettbewerb ausgeschieden war, tröstete: »Das macht nichts. Gott liebt dich trotzdem.« Es stimmt: Bei Gott müssen wir keine Medaillen gewinnen, er liebt auch

Verlierer in ihrer Niederlage. Kelly Clark sagt: »Das war keine ernste Predigt, niemand wollte mich in dem Augenblick missionieren, ich war ja nur Randfigur und sogar Gewinnerin. Und doch ließ mich die Frage nicht los: Wenn Gott sie liebt, vielleicht liebt er dann auch mich.« Sie begann in der Bibel zu lesen, die die »Gideons« in ihrem Hotel ausgelegt hatten. Wie erbärmlich, dass Hotelbesitzer sie aus (völlig falscher) Rücksicht gegenüber anderen Religionen verbannen. Es gibt prominenteste Leute und natürlich Tausende Unbekannte, die dadurch zum Glauben kamen. Kelly verstand nur Bahnhof in der Bibel und lud ebendiese Kollegin auf ihr Zimmer ein. »Das Gespräch hat mich dann so aufgewühlt, dass ich gar nicht mehr anders konnte als Jesus in mein Leben aufnehmen.«

»Gott, wenn du echt bist, dann zeig es mir«, betete sie. Sie schloss sich einer Gemeinde an (also: Gottes Wort, Gespräch, Gebet, Gemeinde – das volle Programm an Führungswerten!) und war erstaunt: »Sie liebten mich als die, die ich bin, und nicht für meine Leistungen und meine Prominenz.« Heute ist Kelly Clark eine gefragte Rednerin auf Jugendveranstaltungen. Über ihren Weg zu Christus sagt sie: »Es ist das Beste, was mir je passiert ist. Es ist die beste Wahl, die ich je getroffen habe.« Auf ihren Brettern, die im Fernsehen immer nah zu sehen sind, schrieb sie: »Jesus, ich kann meine Liebe nicht verbergen.« Sie sieht sich als eine Pastorin der anderen Art. Sie ist in ihrem Beruf und Umfeld als Christin identifizierbar.

Echter Pastor ist der Fußballstar Reinhold Yabo vom Karlsruher SC. Er predigt regelmäßig in seiner Gemeinde: »Ich ziehe gerne Parallelen vom Alltäglichen zur Bibel, um zu zeigen, dass Jesus aktiv im alltäglichen Leben ist, egal, in welchem Bereich du tätig bist.« Die »Welt am Sonntag« widmete ihm Anfang 2015 eine Doppelseite – eine einzige Bewunderung! Der gläubige Christ ist Herz und Seele der Mannschaft, bekennt der Trainer. Wenn er nicht da ist, fehlt was. Doch nicht nur frommes Reden, auch spielerisches Können zeichnet Yabo aus, so wird er glaubwürdig: Er war Kapitän der U17-Nationalmannschaft, die 2009 Europameister wurde. Unter (!) ihm spielte der junge Mario Götze, der Mann mit dem goldenen Fuß bei der »echten« WM! Das Lebensmotto von Reinhold Yabo: »Erst Jesus, dann Fußball.« Klar bete er für einen Sieg, aber seine Teamkollegen wissen: Er betet immer dafür, dass wir gesund bleiben, Spaß an der Sache haben und dankbar sind, so einen tollen Job zu haben. Das nennt man Betriebsklima! Und nun ist er auch noch in den Gemeinderat gewählt worden und praktiziert das biblische Führungsmotto: »Suchet der Stadt Bestes!«

Das ist Geschichte, wie Gott sie einst zur Zeit der Bibel schrieb und heute noch schreibt. Mit Menschen, die bereit sind, in ihrem Beruf etwas zu leisten, die andere durch ihre Begeisterung mitreißen und Team- und Weltverantwortung übernehmen. Teilen können wir nur das, was wir selbst empfangen haben. Wer mehr geben will, übernimmt sich. Wer allerdings weniger gibt, der betrügt seinen Nächsten. Wir teilen mit, was wir haben: ewiges Leben, Hoffnung ohne Ende, Sinn und Erfüllung in Jesus Christus. Dieses kostbare Gut gilt es weiterzugeben. Christen sind kein rein sozial engagierter Wohltätigkeitsverein, das sind das Rote Kreuz oder die Arbeiterwohlfahrt. Ebenso wenig ein frommer Zirkel zur Auferbauung der eigenen Seele. Christen sind Leute, die mit dem größten Angebot, das es überhaupt gibt, in eine hoffnungs- und orientierungslose Welt hineintreten und wie die Apostel vor 2000 Jahren sagen: »Wir haben den Messias gefunden, komm und sieh!« Das macht Christen konkurrenzlos wichtig. Denn ganz gleich, wie man zu dieser Aussage steht: Einen solchen Exklusiv-Anspruch erhebt keine andere Religion.

Unsere Welt quält sich zu Tode. Junge und Alte fragen: »Wofür soll ich mich in einer hoffnungslosen Welt engagieren? In eine solche Welt kann man keine Kinder setzen. Es hat doch alles keinen Sinn!« Frustration und Resignation machen sich breit. Man vereinsamt inmitten der Masse. Einsamkeit ist das große Problem unserer Zeit. Doch allein geht man ein. Der Mensch ist zur Nummer degradiert. Das Grundgefühl unserer Tage ist Angst. Wie lange wird der Friede in Osteuropa und Nahost noch halten? Kommen wirtschaftliche Not und Terror auch zu uns? Bleibt der Euro stabil und der Islamismus uns vom Hals? Was soll aus den Kindern werden? Was wird aus mir, wenn ich sterben muss?

Unsere Welt ist orientierungslos, weil sie ziellos ist. Denn wer kein Ziel hat, hat auch keinen Weg. »Wir leben in einer Welt der vollkommensten Mittel, aber der verworrensten Ziele« (Albert Einstein). Wir sind ratlos geworden, bis in die Spitzen der Politik hinein. Und es sind wenige, die das Übel beim Namen nennen: »Der Grund unserer heutigen Krise ist der Abfall der Menschen von Gott« (Vaclav Havel, Ex-Präsident von Tschechien). Deshalb drängt die Zeit, dass wir als Christen unser Schweigen brechen. Dass wir aufwachen. Dass wir anfangen mitzuteilen: Lass dich versöhnen mit Gott! »Holt Gott zurück in die Politik!« (A. Solschenizyn).

Der moderne Mensch hat Ungeheures geleistet in Kunst und Wissenschaft, in Medizin und Technik, in Wirtschaft und Philosophie. Aber eines hat er darüber vergessen: die Seele. Die Zeit drängt, dass wir mit der Botschaft des ewigen Lebens kommen! Der avantgardistische Bühnenautor Eugène Ionesco eröffnete die Salzburger Festspiele. Zur Überraschung der Teilnehmer sagte er wenig Festliches: »Alles, was wir aufgebaut haben, ist brüchig geworden. Unsere Kultur ist wie ein Kartenhaus. Alles ist fraglich geworden. Jeder hat vor jedem Angst.« Die Zeit drängt, dass wir mit der Botschaft der Freude kommen!

»Die verwaltete Welt kennt keine Liebe mehr«, muss Max Horkheimer, einer der marxistischen Vordenker der Neuen Linken, eingestehen. Und der neomarxistisch-atheistische Philosoph Ernst Bloch räumt ein: »Die Ideologien dringen mit einem Kältestrom in die Geschichte ein.« Die Zeit drängt, dass wir mit der Botschaft der Liebe kommen!

»Der Tanz ums goldene Selbst« (Spiegel) ist Kennzeichen unserer Hoffnungslosigkeit. »Die ratlose Gesellschaft« (Focus) hat Sehnsucht nach Zielen und Werten. Aus der »Ich-AG« (Berliner Morgenpost) muss eine GmbH werden, eine Gesellschaft mit begründeter Hoffnung. Denn ohne Zukunft ist auch die Gegenwart sinnlos. Die Zeit drängt, dass wir mit der Botschaft der Hoffnung kommen!

Angst vor Kriminalität und Gewalt greift um sich. Vieles wird zur Bagatelle verniedlicht, nicht mehr verhandelt oder mit Mini-Geldstrafen geahndet, weil die Gerichte mit dem anderen schon völlig überlastet sind. Hass, Streit und Krieg kennzeichnen das Gesicht der Erde. Friedlosigkeit in unseren Familien. Neid und Rivalitäten am Arbeitsplatz. Zerbruch der Ehen zulasten der Kinder, die bei ihren Eltern Krieg statt Eheglück erleben. Die Zeit drängt, dass wir mit der Botschaft des Friedens kommen!

Diese Welt braucht kein aufmunterndes Schulterklopfen. Sie braucht keine Weltverbesserungspläne. Sie braucht Jesus Christus. Sie braucht diese Gewissheit: In Jesus gibt es Leben, Freude, Liebe, Hoffnung und Frieden. Es wird alles davon abhängen, ob wir Mitteiler dieser Botschaft werden und uns nicht verstecken aus Angst vor Auseinandersetzung. Natürlich wird sich ein Christ sozial engagieren. Natürlich wird er politisch und ethisch seine Stimme zu erheben haben. Aber es gilt, das Beste, das konkurrenzlos Wichtigste mitzuteilen: die Botschaft vom Kreuz; die Nachricht, dass Gott diese Welt liebt.

Vorbilder statt Vorschriften

Wir müssen den Menschen dort abholen, wo er steht. Gehen Sie hin, wo Jesus ist, und freuen Sie sich an ihm. Und dann gehen Sie hin, wo er nicht ist, und nehmen Sie ihn mit. In unserer Familie haben wir zu beginnen. Und das ist vielleicht das Schwerste. Am Arbeitsplatz muss man merken, was mit uns los ist. Christen sind keine Thermometer, die die Temperatur ihrer Umgebung anzeigen. Sie sind Thermostate, die die Temperatur verändern. Durch uns will Christus in die Welt kommen. Er will die Atmosphäre in unserer Umgebung genauso verändern wie das Herz unseres Nächsten. »Christen sind Menschen, in deren Gegenwart man sich wohlfühlt«, meinte Johannes Busch, einst prägend für die Nachkriegsjugend. Ob man das von uns, ja von mir sagen kann?

Ohne Glaubwürdigkeit sind unsere Worte nur Schall und Rauch. Lebensevangelisation (Papst Franziskus) ist gefragt. Christliche Familien sollten ihre Häuser öffnen, Gemeinden ihre Türen. Die Geborgenheit einer ansteckend fröhlichen Gemeinschaft ist ein überzeugender Gesprächsbeitrag – ohne viele Worte. Ergreifend der Lebensbericht eines jungen Strafgefangenen aus dem »Seehaus« in Leonberg auf dem Stuttgarter Jugendmissionskongreß im Januar 2015. Sein Leben bekam eine totale Wende durch Jesus Christus, den er kennenlernte, weil er erstmals so etwas wie Familie erlebt hat, Geborgenheit und Angenommensein. Der Strafvollzug im »Seehaus« geschieht durch harte Arbeit und Ausbildung und wird in familienähnlichen Strukturen gelebt, die christlich geprägt sind. Wem das zu hart ist, geht lieber zurück ins Gefängnis, wo Rückfall allerdings programmiert ist. Dieser junge Mann wollte auch zurück, bis er einen alten Maurermeister kennenlernte, der – ehrenamtlich und »aus Liebe zu den Verlorenen« – mit ihm einen Kamin baute. »Er hat so glaubwürdig gelebt und so überzeugend von Jesus gesprochen, dass ich gar nicht anders konnte als mein Leben in seine Hand legen und neu ausrichten.«

Man muss sich etwas einfallen lassen, um anderen das Evangelium weiterzusagen. Patentrezepte gibt es nicht. Aber wer ernsthaft ins missionarische Gespräch kommen will, dem zeigt Gott eine Methode. Das große Ziel, Menschen zu Jesus zu führen, macht erfindungsreich, und sei es der Bau eines Kamins. Auf einer Tagung sagte mir ein Bundeswehrsoldat: »Ich bin in meine Kaserne gegangen und habe am ersten Tag ans schwarze Brett einen Zettel geheftet: ›Christ sucht Gleichgesinnte.‹ Darunter Name und Zimmernummer.« Er hat sich vielleicht lächerlich gemacht vor den Kameraden. Aber es entstand ein Gebetskreis, der logischerweise schnell zum Missionskreis wurde. Man muss es nur wollen. Im Studium habe ich das selbst erlebt.

Was könnte aus unserem Land werden, wenn Christen sich wieder auf das Wesentliche konzentrierten! Bereits 1963 schrieb Wilhelm Busch, der unvergessene Essener Jugendpfarrer, dessen Buch »Jesus unser Schicksal« noch heute ein Weltbestseller ist: »Statt den Menschen zu sagen, wie man zum Frieden mit dem lebendigen Gott kommt, wälzt man heute Probleme. Anstatt das Kreuz im Mittelpunkt zu lassen und von Sünde und Buße, Bekehrung, Versöhnung und Vergebung der Sünden zu sprechen, gibt man Lebenshilfe.« Es tut einem weh, wie oft Kirche ihr Kapital verspielt und den nach Lebensbrot suchenden Menschen Steine bietet.

Ich zitiere wörtlich eine mehrteilige SMS, die mich Weihnachten 2013 erreichte. Zum Heulen! Absender ein TV-Auslandskorrespondent, den jeder kennt: »Es wird sie freuen: ich war seit 20 jahren mal wieder in einem ekd-deutschen gottesdienst. unsere freunde wollten unbedingt, dass ich mitkomme. sie, lieber peter hahne, haben das nie geschafft :-). ich war wirklich in weihnachtsstimmung, bereit, mich von der frohen botschaft erfassen zu lassen. nur war die botschaft nicht froh :-(. was eine predigt sein sollte, war pädagogen-gelaber eines gleichstellungs- und flüchtlingsbeauftragten ohne jedes charisma. alles wirkte bleiern. ich fühlte mich danach niedergeschlagen, weil ich der weltenmoral des herrn pfarrers nicht genügte :-(. mein freund sagte mir, jesus würde mich lieben, er will, dass ich lebensfreude habe. ich musste dabei an sie denken, weil sie das ausstrahlen … sorry, nie wieder werde ich eine kirche betreten!« Wer schickt solche Pastoren (Hirten!) in eine der wichtigsten Welthauptstädte?! Warum halten es so wenige mit Bonhoeffer: »Predige so, als wenn die Leute es zum ersten und zum letzten Mal hören«? Das Dilemma der verfassten Kirchen, so die FAZ: Die Boten glauben die Botschaft selber nicht.

Der persönliche Referent des bayerischen Landesbischofs und EKD-Ratsvorsitzenden, Kirchenrat Rüdiger Glufke, sagte beim Neujahrsempfang 2015 in der Christlichen Tagungsstätte Hohe Röhn: »Wir haben Jugendliche gefragt: ›Wie wird Kirche für euch glaubwürdig?‹ Sie haben uns geantwortet: ›Zum einen wollen wir ernst genommen werden und beteiligt werden und zum anderen brauchen wir Pfarrer und Religionslehrer, die uns für den Glauben an Gott begeistern und Vorbild sind.‹« Doch begeistern kann nur, wer selber begeistert ist. Lenin, der Steinzeit-Revolutionär, der eine Welt in Flammen setzte, hat gesagt: »Wer zünden will, muss brennen.« Ich werde nie den Kenianer vergessen, der an einem Gottesdienst in Mainz teilnahm, mangels Deutschkenntnissen kein einziges Wort verstand, aber den Eindruck gewann: »Es muss etwas ganz Schlimmes passiert sein«, so interpretierte er die Gestik und Mimik von Pfarrer und Chor.

Selbst die Weihnachtsgeschichte »Siehe, ich verkündige euch große Freude!« wird manchmal so vorgelesen, als handele es sich um die nächste Stufe der Gesundheitsreform. Pastor Klaus Vollmer, unvergessener begnadeter Verkündiger mit Zugang zur akademischen Welt (gelernter Schlosser!), mit hintersinnigem Humor: »Wenn Pastoren vom Himmel reden, müssen sie viel mehr strahlen; wenn es um die Hölle geht, können sie so bleiben, wie sie sind.« Nebenbei: Es gibt viele, die klasse predigen und volle Kirchen haben – und die den wunderbaren Rat Helmut Thielickes beachten: »Du musst auch für die predigen, die noch nicht da sind.« Man kann ganz ohne Gags und Mätzchen predigen, wenn die Leute nur das Gefühl haben: Der und das sind echt! Diese Verkündiger werden nicht selten von ihren Kritikern wegen zu viel Frömmigkeit kritisiert. Neid ist auch in der Kirche die Mehrwertsteuer des Erfolges.

Der legendäre bayerische Bischof Hermann Bezzel mahnt: »Im Himmel darfst du einmal nicht allein ankommen. Du musst viele mitbringen.« Das ist ein lohnendes Lebensziel. Auch ich möchte nur eines: dass in der Ewigkeit einer auf mich zukommt und sagt: »Wie gut, dass du gelebt hast. Du hast mir den Weg zu Jesus gezeigt.« Mehr will ich nicht! Aber mit weniger sollte man sich nicht zufrieden geben! Von Ernst Jünger stammt der Satz: »Der Wert eines Menschen liegt darin, dass er einem anderen zum Wachstum verholfen hat.«

Glauben – nichts für Weicheier

Doch mit welcher Kraft, wenn man mutlos wird? Wenn man will, aber nicht mehr kann? Mit welcher Energie, wenn die Widerstände einen kaputt zu machen drohen? Der Apostel Paulus sagt uns beides: was und womit wir im Gespräch bleiben und Lebensevangelisation betreiben können. Er nennt (im Leitspruch meines Lebens!) Botschaft und Kraftquelle: »Ich schäme mich des Evangeliums nicht; denn es ist eine Kraft Gottes, die selig macht alle, die daran glauben« (Römer 1,16). Das griechische Wort »dynamis« steht da im Urtext der Bibel. Mit diesem Sprengstoff treten wir in die Welt. Unser Gespräch ist kein Geplänkel um Meinungen und Richtigkeiten. Unsere Botschaft ist kein Diskussions-, sondern Sprengstoff. Als Botschafter an Christi statt bringen wir die Wahrheit, und das provoziert Gegenwind. Glaube ist nichts für Weicheier. Wenn Gott redet, ist es mit der Gemütlichkeit zu Ende. Doch wer Gott zum Freund hat, hat der Welt was zu sagen!

Gott erfüllt seine Boten mit dieser Kraft. Seine Energie lässt Mutlose wieder aufatmen und Müde wieder munter werden. Christus selbst ist der Muntermacher für müde Christen. Er überfordert uns nie. Für Christen gibt es keine Resignation. Auch dann nicht, wenn wir verlacht und verspottet werden. Wir lassen den Gesprächsfaden zu unserem Nächsten nicht abreißen. Denn wir sind nicht problem-, sondern verheißungsorientiert. Und verheißen ist uns nichts Geringeres als Vollmacht. Jesus sagt: »Mir ist gegeben alle Gewalt … *Darum* gehet hin und evangelisiert« (nach Matthäus 28,18–19). Angebliche Erfolglosigkeit führt nicht zu Frustration. Umsonst ist nämlich kein Gespräch, das Jesus im Mittelpunkt hat. Denn diese Worte werden nicht leer zurückkommen (siehe Jesaja 55,11).

Unser Herr gibt nicht nur den Auftrag zum missionarischen Gespräch. Er gibt auch die Kraft dazu. Die muss man sich täglich neu holen. Deshalb darf die Verbindung zu Jesus Christus in Bibellesen und Gebet nie abreißen. Auf uns Christen ruht Verantwortung. Gott will durch uns in diese Welt kommen. Wir sind Brückenkopf der Ewigkeit in dieser Zeit. Nicht weil wir so wertvoll sind, ruft uns Gott. Wir sind so wertvoll, weil Gott uns ruft. Und weil wir uns darauf verlassen können, was an den beiden mit Blattgold belegten Steintafeln am Berliner Dom steht. Diese Worte leuchteten auch, als der Dom zu DDR-Zeiten noch stark von der Kriegszerstörung gezeichnet war, dem »Palast der Republik«, dem Prachtbau der atheistischen SED, entgegen. Ja, die uralten Psalmen haben recht: Gott spottet ihrer, lacht über die, die ihn negieren oder abschaffen wollen. An der Dom-Westseite lauten die beiden Giebelinschriften, in deren Mitte die Heilandsfigur steht: »Siehe, ich bin bei euch alle Tage bis an der Welt Ende« (Matthäus 28,20), und: »Unser Glaube ist der Sieg, der die Welt überwunden hat« (1. Johannes 5,4). Das hat sich am 9. November 1989 noch mal in geheimnisvoller Weise bewahrheitet. »Wir hatten mit allem gerechnet, nur nicht mit Kerzen und Gebeten«, so die Herren aus dem »Palast«! Palast abgerissen, Ruine aufgebaut und am 6. Juni 1993 geweiht …

Allein geht man ein

Kohlen glühen nur im Feuer. Einzeln erkalten sie. Viele Christen sind deshalb längst müde geworden, weil sie Einzelgänger sind. Das missionarische Gespräch bleibt fruchtlos, weil keine Ansteckungskraft mehr da ist. Jesus schickt keine Solisten in die Welt. Erst sammelt, dann sendet er. Und wen er ruft, den ruft er zuerst in die Gemeinde.

Wer sich für Jesus Christus entscheidet, der hat sich zugleich auch für seine Gemeinde entschieden. Der Ruf von Jesus ist der Herausruf in die Gemeinde. Ich kann mir nach meiner Bekehrung nicht aussuchen, ob ich nun in einer Gemeinschaft von Christen leben will oder nicht. Bin ich Christ, dann gehöre ich auch zur Gemeinde. »Ein Christ für sich allein ist ein Widerspruch in sich selbst« (Adolf Sommerauer). Gemeinde ist keine mögliche Lebensform für Christen, sondern die von Gott gesetzte Norm. Das hat allerdings nichts mit Kirchenorganisationen oder gar Kirchensteuern zu tun. Für den einen ist der Hauskreis Heimat, für andere eine Projektgemeinde oder die traditionelle Ortsgemeinde. Christsein realisiert sich in Gemeinschaft. Zinzendorf sagte: »Ich statuiere kein Christentum ohne Gemeinschaft.« Paulus sagt nicht, wir seien *wie* der Leib Christi, wir *sind* es.

Die Gemeinschaft hat im Leben eines Christen höchsten Stellenwert. Das Glaubensbekenntnis stellt mit Vater, Sohn und Heiligem Geist das Wichtigste voran. Es folgt jedoch der Satz: »Ich glaube … an die heilige christliche Kirche, Gemeinschaft der Heiligen.« Von seinem Wesen her ist der Glaube auf Gemeinschaft angelegt. Die Gemeinde ist der Boden, auf dem Glauben wächst. Deshalb gibt es ohne Gemeinde auch kein geistliches Wachstum. Allein geht man ein. Der Glaube verkümmert, wenn keine geistliche Gemeinschaft da ist, die ihn trägt und umgibt. »Ein Christ braucht den anderen um Jesu Christi willen«, schreibt Dietrich Bonhoeffer. Denn er lebt ganz aus Gottes Wort. Dieses Wort kommt von außen als Heilsbotschaft an ihn heran. Gott hat es in den Mund von Menschen gegeben. »Darum braucht der Christ den Christen, der ihm Gottes Wort sagt; denn aus sich selbst kann er sich nicht helfen. Der Christus im eigenen Herzen ist schwächer als der Christus im Worte des Bruders« (Bonhoeffer).

Gemeinde gründet nicht auf Sympathie. Sie ist weder Interessengemeinschaft noch Fanclub für Jesus. »Christliche Bruderschaft ist eine pneumatische und nicht eine psychische Wirklichkeit« (Bonhoeffer). Sie ist nicht machbar, sie ist gestiftet – pneumatisch, vom Heiligen Geist. Durch dessen Kraft lebt sie. Dass Christen »einträchtig beieinanderwohnen« (Psalm 133,1), ist das Werk von Christus. Durch ihn haben wir Freude aneinander und Gemeinschaft untereinander. Wer Gemeinschaft erzwingen will, der zerstört sie genauso wie der, der nur Forderungen an sie und nach ihr stellt. Der Glaube wächst in der Gemeinde. Hier wird das Glauben schaffende und stärkende Wort gepredigt und Gott angebetet. Hier gibt es Rat und Korrektur. Hier ist mein Zuhause, wo ich durchatmen und ausruhen kann. Aber auch mein Platz, an dem ich mich als Mitarbeiter einbringe.

Wie sehr der moderne Mensch ein Zuhause braucht, sieht man im täglichen Leben – wenn man Augen im Kopf und ein Herz im Leibe hat und keine ideologischen Scheuklappen. Immer häufiger findet man in der Presse ergreifende Geschichten von Scheidungskindern. Beim Scheitern einer Ehe sind sie die Opfer. Endlich wird dieses Tabuthema durchbrochen und diese Patchwork-Lyrik »Du hast jetzt vier Opas, hast zwei Kinderzimmer und bekommst doppelt so viele Geburtstagsgeschenke« als Lüge enttarnt. Wobei niemandem zusteht, erst recht nicht mir, über Scheidungen zu richten. Es ist jedoch eine statistische Tatsache, dass heute viel zu schnell geschieden wird, während man sich früher »wegen der Kinder« irgendwie zusammengerauft hat. Man gibt heute viel zu schnell seine Ehe auf und zerstört damit die Familie. Viele Eltern bereuen es, wenn's zu spät ist und die Seelen der Kinder bereits einen Knacks haben. Wenigstens sind die vielen Zeitungsartikel ein Warnschuss für andere, es ihnen nicht gleichzutun. Die Verharmlosung hat endlich ein Ende. Hätte man auf Experten wie die inzwischen 90-jährige Bestsellerautorin Christa Meves gehört, statt sie zu verspotten und aus der evangelischen Kirche zu mobben, Tausenden Kindern wäre ein schlimmes Schicksal erspart geblieben. Der polnische Autor Stanislaw Jerzy Lec scharfsinnig: »Der Mensch leidet an einer totalen Spätzündung. Er begreift alles erst in der nächsten Generation.«

Das Scheitern einer Ehe ist eine Niederlage für die Kinder, die doch *ein* Zuhause brauchen, *einen* Ort, wo sie wirklich hingehören – so wie das für einen erwachsenen Menschen die geistliche Gemeinschaft einer lebendigen Gemeinde sein kann. Die »Welt am Sonntag« berichtet im März 2015 von den Betreuungsdiensten bei Bahn und Lufthansa speziell für allein reisende Kinder, fast ausnahmslos Scheidungsopfer, die am Wochenende hin- und hergeschoben werden. Was die Betreuer (oft ehrenamtlich tätige Rentner) zu berichten wissen, rührt einen zu Tränen. Rund 10 000 Kinder pro Wochenende, »eine adäquate Antwort auf veränderte Familienmodelle«, wie es bei der Deutschen Bahn AG offiziell heißt. 70 000 Kinder pro Jahr bei der Lufthansa. Tendenz dramatisch steigend.

Für viele Kinder, so eine Reportage, ist der Betreuer ein Kummerkasten: »Bei der Hinfahrt sind die Kids meist ganz entspannt und freuen sich auf den Elternteil, den sie lange nicht gesehen haben. Auf der Rückfahrt kommt der Kummer durch.« Es sind oft banale Dinge, die jedoch eine Kinderseele beschweren. Zwei Mädchen, die zum Gerichtstermin reisen, wo es um das Sorgerecht geht. Oder der Junge, der meint: »Jetzt kann ich der Mama wieder nicht erzählen, wie schön es bei Papa ist. Sonst darf ich nicht mehr hin.« Was für ein Verbrechen an wehrlosen kleinen Geschöpfen – von »Eltern«, die wahrscheinlich ihren Müll trennen und bei Öko tipptopp sind. So werden Kinder in die Isolation getrieben. Allein geht man ein! Scheidungskinder sind oft wie Kinder ohne festen Wohnsitz, wie Obdachlose ohne Zuhause.

In einem bewegenden Leserbrief zu obiger Reportage heißt es, und ich verändere Namen und Bezüge: »Als es klingelt, lasse ich alles stehen und liegen. ›Hallo, Sven‹, ich nehme ihn in meine Arme. ›Hallo, Oma!‹ Sven hält Schnuffi fest im Arm, seinen ständigen Begleiter. Neben Sven steht ein kleiner Koffer. Sven ist fünf Jahre alt. Wenn er uns besucht, müssen wir uns immer wieder neu aneinander gewöhnen. Ich versuche, es ihm und uns leicht zu machen, suche seine Seele, will sie nicht verletzen. ›Mama muss noch viel arbeiten‹, sagt Sven als Grund, warum er jetzt hier ist. Der Kleine stellt sich mit dieser Erklärung unwissend, aber ahnend vor sie. Mir geht ein Stich durch die Brust. Svens Wochen sind aufgeteilt zwischen frisch verpartnerter, berufstätiger Mutter, der Tagesmutter Susanne und dem Vater.

›Guck mal, Papa hat mir ein iPhone geschenkt. Es ist kaputt, aber ein wenig geht es noch.‹ – ›Ja, wie so vieles: kaputt, aber ein bisschen geht es noch‹, denke ich. ›Der Markus hat auch eins.‹ Markus ist der elfjährige Sohn von Papas Freundin. Wegen ihr hat er Knall und Fall seine Familie verlassen. Neulich hat Daniel dem Sven erzählt, dass sein Papa mit ihm und Markus jeden Abend Fußball spielt. ›Meine Mama hat einen Freund. Der spielt auch bald mit mir Fußball.‹ Dieser Wunsch war alles, mit dem er, der seinen Papa so sehr vermisst, diese Leere ausfüllen und sich trösten kann.

Zu uns kommt Sven, wenn Papa am Papa-Wochenende keine Zeit hat. Wenn Sven die Eltern meiner Schwiegertochter besucht, fährt er allein mit dem ICE. Sven schläft auch mal bei einem Freund. Eigentlich müsste er mit Nachnamen Überall heißen, Sven Überall. ›Opa‹, fragt Sven jetzt, ›spielen wir heute mit der Eisenbahn?‹ Opa legt Sven die Hand auf die kleine Schulter, drückt sie behutsam, bietet Nähe an. Die Eisenbahn ist ein ruhender Pol in dem völlig durchorganisierten, unruhigen Kinderleben. Sie wird nie weggeräumt. Sie ist unser äußeres Zeichen für Liebe und Beständigkeit. Wir hoffen, dass er es spürt.

Doch was ist beständig im Leben meines Enkelkindes? Wo war das angefangene Bild mit dem Piratenschiff, auf das Sven noch die Fische malen wollte? Wie kann Sven Torschützenkönig werden, wenn im entscheidenden Moment in seiner wichtigen kleinen Welt jemand ruft: ›Sven, du musst sofort aufhören zu spielen. Komm her, du wirst abgeholt‹?! Überall steht ein Bett für Sven. Doch an wen kann er sich in der Nacht kuscheln, wenn er schlecht träumt? Svens wichtigste Begleiter sind sein kleiner Koffer und sein kaputt geliebter Schnuffi, den er selbst im Schlaf festhält. Sven hat immer einen Fahrdienst. Er hat überall eine Zahnbürste und in jeder Wohnung einen Schlafanzug. Aber Sven hat kein Zuhause. Sven ist fünf und ohne festen Wohnsitz.«

Man möchte heulen, wenn man den Leserbrief dieser verzweifelten Großmutter liest, ist es doch nur ein Fall von Tausenden. Eine Kollegin der linken Tageszeitung »taz« schrieb zu Weihnachten einen Artikel über den ganzen Patchwork-Stress, der schon fast wie eine Beichte klingt. Es ist längst nicht mehr der drohende Zeigefinger der Konservativen, es sind die Selbstbekenntnisse derer, die am eigenen Lebensentwurf (ver)zweifeln. Weihnachten – wo man ein fehlendes Zuhause, die Geborgenheit einer Familie am meisten vermisst.

Meine Erfahrung: Diejenigen, die sich am meisten über konservative Familienstrukturen oder den Glauben lustig machen und alles »Normale« als spießbürgerlich verspotten, sehnen sich am meisten danach. Diese Verzichts- und Verlustneurose grassiert unter uns wie im Winter die Grippe. Für viele wird diese Sehnsucht zur Sucht, was die erschreckende Zahl von Alkoholikern und Tablettenabhängigen in »bürgerlichen Kreisen« beweist. Auch hier könnte eine christliche Gemeinde helfen, indem man sich von hilfsbereiten Menschen helfen lässt! Selbst Nichtchristen staunen über die Ressourcen, die eine Gemeinschaft auf christlichem Grund hat. Ich habe es nur allzu oft erlebt, wie anfänglicher Spott in Neugierde und schließlich auch in ein bisschen Neid umschlug.

Neidfaktor Gemeinschaft

Gemeinde ist Gabe und Aufgabe zugleich. Sie ist nicht der Ort, sich bedienen zu lassen, sondern zu dienen. Den Gliedern des Leibes ordnet Christus Gaben zu und damit auch Aufgaben – und sei es, sich um einsame Familienmütter und heimatlose Kinder zu kümmern. Jeder Christ hat seine bestimmte Funktion. Das ist keine gesetzliche Forderung, sondern gnädiges Geschenk. Keiner ist ersetzbar. Er ist als Original unaustauschbar. Damit gibt Gott unserem Leben einen unendlichen Wert. Keiner darf fehlen, damit der Leib funktionsfähig bleibt. Gott will sein Reich nicht ohne mich bauen. Ich bin ein tragendes Element an seinem Baugerüst. Wenn ich fehle, kommt die ganze Arbeit ins Stocken.

Ich werde also in der konkreten Gemeinde, in die Gott mich gestellt hat, treu sein. Ich bin pünktlich und zuverlässig. Den Platz, der meinen Gaben und dem Willen Gottes entspricht, möchte ich einnehmen. Nicht dann arbeite ich mit, wenn ich Lust habe, sondern dann, wenn Gott es will. Ich akzeptiere die Regeln meiner Gemeinde, denn der Heilige Geist will nicht Chaos, sondern Ordnung. In meinem

Zeitplan hat die Gemeinde Priorität. An ihren Veranstaltungen nehme ich gern teil. Gerade am sonntäglichen Gottesdienst. »Liebt ihr mich, so werdet ihr meine Gebote halten« (Johannes 14,15). So ist es für mich keine Frage, ob die Sonntagsheiligung noch in unsere Zeit passt oder nicht. Wer es einmal erlebt hat, wie echte Gemeinde Sonntag feiert, der wird nie wieder auf den Gedanken kommen, den Tag des Herrn als Last zu empfinden. Wir gehören zur Gemeinde und damit auch zu ihrem Gottesdienst.

Nach Luther ist alles, was wir im Namen von Jesus Christus tun, Gottesdienst. Natürlich gibt es viel Bigottes und Verlogenes auch in christlichen Gemeinden. Aber komme mir niemand mit Kreuzzügen und Inquisition, der seinen eigenen Kreuzzug (schönfärberisch: Rosenkrieg) gegen den Ehepartner führt und die Seelen seiner Kinder inquisitorisch gefährdet! Gemeinde ist immer noch ein Ort, wo Gescheiterte willkommen sind und ihnen nach Niederlagen aufgeholfen wird. Sich dem einmal vorurteilsfrei auszusetzen ist ein Zeichen von Klugheit. Dumm ist, wer sein ideologisches Weltbild verteidigt wie Manuel Neuer das deutsche Tor. Viele Skeptiker berichten, wie ihnen die Gemeinde in der Vielfalt ihrer Angebote und Möglichkeiten geholfen und gutgetan hat.

Es ist gut, an entsprechenden Kreisen teilzunehmen. Die Bibelstunde dient der Vertiefung in Gottes Wort. Der Chor lässt unsere musikalische Gabe zum Einsatz kommen. Hauskreise lassen kleine Zellen in der Gemeinde entstehen, die auch ein Stück Lebensgemeinschaft werden können. Die Gemeinde hat ihren Wert in sich, weil Christus sich in ihr verleiblicht. Zugleich aber ist sie das Zeugnis von Jesus in der Welt. Sie gleicht einer Stadt auf dem Berge, die nicht verborgen bleiben kann (Matthäus 5,14). »Gerade das christliche Zusammenleben ist dieses Zeugnis. Dass es in dieser Welt der Kälte und der Ich-Sucht den Raum eines herzlichen, umfassenden Füreinanders gibt, in diesem Meer des Nachtragens, Vergeltens und Hassens den Raum echten Vergebens, mitten in aller Friedlosigkeit, mitten im Jagen und Ringen um Macht und Ehre eine Schar, die willig dient und fröhlich den untersten Weg geht – das redet unüberhörbar zu allen Herzen, in denen die Sehnsucht nach solchem Leben nicht erlöschen kann« (Werner de Boor).

Der marxistisch-atheistische Philosoph Jürgen Habermas gestand in einem Streitgespräch dem damaligen Kardinal Ratzinger und späteren Papst Benedikt XVI. fast neidisch: »Die christliche Gemeinde verfügt über Ressourcen, die die Welt nicht bieten kann.« Ähnlich formulierte es Habermas in seiner Dankesrede für den Goethe-Preis der Stadt Frankfurt/Main, noch ganz unter dem Schock des schrecklichen islamistischen Terroranschlags vom 11. September 2001 in New York. Christliche Gemeinde bietet Heimat und Geborgenheit. Hier hat Angst keinen Raum, es gibt Trost, Ermutigung und Vergebung. Und hier können Gescheiterte wieder neu anfangen. Niederlagen müssen einen nicht niederlegen. Glaube und Gemeinde, Gebet und Gottes Wort helfen, nie aufzugeben.

Gescheitert? Das Beste kommt noch!

Es gibt ein eindrucksvolles Beispiel aus der Geschichte, wie aus Verlierern Sieger, aus Gescheiterten Spitzenleute werden können. Wer nicht aufgibt, dem eröffnen sich neue Chancen.

Und wer immer wieder hinfällt und dennoch nicht verzweifelt, der hat das Format, als Persönlichkeit zu reifen und mit Charakter Großes zu schaffen. »Charakter« kommt aus dem Griechischen und bedeutet: geprägt, gepresst – so wie Münzen zum Beispiel. Ein Charakter werde ich also nicht auf den Höhenwegen des Lebens. Erst die Täler, erst die Tiefe mit all ihren Pressalien macht stark. Und Prägung tut weh! Wer einmal durchs Feuer gegangen ist, den kann so schnell nichts mehr umhauen, der setzt ganz andere Prioritäten, als oberflächlicher Erfolg sie verheißt. Dass unsere Gesellschaft so wehleidig geworden ist und Weltmeister im Wehklagen, liegt auch daran, dass wir den letzten Härtetest des Lebens aus unserem Alltag verbannen: den Tod. »Wer den Tod nicht fürchtet, ist durch nichts zu erschrecken!« (Otto von Bismarck). Wenn ich weiß, wem die letzte Stunde gehört, dem kann ich den nächsten Augenblick anvertrauen. Mit wem ich selig sterben kann, mit dem kann ich glücklich leben.

Geboren wurde der Mann, von dem ich erzählen will, als zweites von drei Kindern am 12. Februar 1809. Als er sieben Jahre alt war, verlor der Vater, ein tiefgläubiger Baptist und entschiedener Gegner der Sklaverei, seinen Landbesitz. Armut herrschte in der Familie, mehrere Ortswechsel folgten. Als er neun war, starb seine Mutter. Mit 21 verließ er sein Elternhaus. Weil die Arbeit auf der Farm immer Priorität hatte, bekam er kaum Schulunterricht. Er arbeitete als Kaufmannsgehilfe und als Flößer. Schließlich meldete er sich als Freiwilliger bei der Armee. Er kandidierte bei den Wahlen für das amerikanische Repräsentantenhaus und scheiterte. Erst der zweite Versuch klappte. Er studierte als Autodidakt Jura, neben Jobs als Postmeister oder Geschäftsführer eines Ladens.

Seine erste Liebe starb, als er 26 Jahre alt war. Sieben Jahre später heiratete er die Tochter einer reichen Familie. Doch was nützt aller Reichtum, wenn von den vier Söhnen nur einer das Erwachsenenalter erreicht?! Mit 37 ging er wieder in die Politik – und scheiterte. Mit 46 kandidierte er wieder, diesmal für den Senat. Wieder scheiterte er. Nach drei Jahren der nächste Versuch – und das nächste Scheitern. Doch der Mann gab nicht auf! Er blieb in der Politik, bis er schließlich am 6. November 1860 zum 16. Präsidenten der Vereinigten Staaten von Amerika gewählt wurde. Heute gilt er als eine der größten Gestalten der US-Geschichte und wird als Begründer der Republikanischen Partei von allen ethnischen und politischen Gruppen geradezu verehrt. Sein Porträt ziert bis heute die Fünf-Dollar-Noten: Abraham Lincoln (1809–1865). Zu Lincolns berühmtesten Reden gehört die kurze Ansprache, die er am 19. November 1863 zur Einweihung des Soldatenfriedhofs in Gettysburg hielt: »Vor 87 Jahren gründeten unsere Väter auf diesem Kontinent eine neue Nation, in Freiheit gezeugt und dem Grundsatz geweiht, dass alle Menschen gleich geschaffen sind … Es ist an uns, dass diese große Nation, unter Gott, eine Wiedergeburt der Freiheit erlebt.« Seitdem benutzen US-Präsidenten, sei es Demokrat oder Republikaner, dieses Wort: Nation unter Gott.

Abraham Lincoln, dessen Lebensweg gesäumt war von Pleiten, Pech und Pannen, war selber ein Mann unter Gott. Ein Mann, der immer wieder die Kraft fand, aufzustehen und neu anzufangen. Noch im März 1865, wenige Wochen vor seiner Ermordung, wollten die Südstaaten den Kämpfer gegen die Sklaverei loswerden. Doch er wurde noch einmal von 212 der 233 Wahlmänner wiedergewählt. Eine Biografie, die niemand für möglich gehalten hätte, wenn man sich die Stationen dazu ansieht. Ein oft Gescheiterter, der niemals aufgab und gerade deshalb stark genug wurde, seinen Gegnern Paroli zu bieten.

Himmel auf Erden

Dass man nicht aufgibt und den Mut nicht sinken lässt, dazu helfen gute Freunde, eine Familie, die zu einem hält, und nicht zuletzt eine Gemeinde. Christen sind keine Solisten. Wie zum Feuer die Flamme gehört zum Christen eine Gemeinschaft. Mitchristen, die auch dann noch zu einem stehen, wenn sich Kegelbrüder oder Sportkameraden schon längst in die Büsche geschlagen haben. In einer spannenden Debatte, ich erwähnte das oben bereits, rangen der neomarxistische Philosoph Jürgen Habermas und der damalige Kardinal Joseph Ratzinger auf einem Podium in Berlin um die Bedeutung des christlichen Glaubens in der Verstandeswelt der Moderne. Ein scharfer Denker wie Habermas hielt sich nicht bei den oberflächlichen Plattitüden einer halbgebildeten Pseudointelligenz auf, die uns Christen via Satire oder Talkshows der Lächerlichkeit preisgibt. Die beiden Disputanten schenkten sich nichts. Schließlich sagte der Philosoph nachdenklich: »Ja, die christliche Gemeinde hat Ressourcen, die unsere Gesellschaft braucht, aber nirgendwo anders findet.« Ähnlich sieht das übrigens auch der scharfsinnige Linken-Politiker und Atheist Gregor Gysi. Eine dieser Ressourcen, dieser Schätze auf der Basis eines richtigen Fundamentes, ist die Kraft der Vergebung. Man darf als Christ Fehler machen und Schwächen zeigen, ohne an den Rand gestellt zu werden wie in Wirtschaft, Politik oder vielen Vereinen. Diese (über)lebenswichtige Chance eines Neuanfangs strahlt aus auf das praktische Gemeinschaftsleben: Wir lassen niemanden fallen, wir helfen auf und begleiten. Niemand muss einsam sein, denn allein geht man ein. Vor allem in Zeiten der Krise.

Matthias Claudius (1740–1815), mit seinem »Wandsbecker Boten« ein Pionier des Journalismus, schrieb in einem Brief: »Wer nicht an Christus glauben will, der muss sehen, wie er ohne ihn raten kann. Ich und du können das nicht. Wir brauchen jemand, der uns hebe und halte, weil wir leben (und zum Leben das Hinfallen, das Scheitern gehört! / P. H.), und uns die Hand unter den Kopf lege, wenn wir sterben sollen.« Ein Brief, der heute im Selbstauflösungsprozess der Kirchen aktueller denn je ist. Kurze, hammerharte und messerscharfe Sätze voll pulsierendem, praktischem Leben, alles geleitet von dem Grundgedanken: »Bleibe dem Glauben deiner Väter treu.«

Bemerkenswert, dass Matthias Claudius – diesmal in einem Brief an seinen Sohn Johannes, als der zur Lehre nach Lübeck ging – zum Beispiel ein Problem, das in Erziehung und Literatur Bände füllt, mit einem einzigen Satz auf den Punkt bringt (wie Gott in seinen Zehn Geboten): »Tue keinem Mädchen Leides und denke, dass deine Mutter auch ein Mädchen gewesen ist.« Damit ist ja alles gesagt – es sei denn, mit kirchlicher Unterstützung habe der Genderwahn moderner Lehrpläne von uns und unseren Kindern Besitz ergriffen. Ein Verbrechen an unserer Kultur, das seinen sichtbaren Ausdruck in der völligen Verhunzung unserer Sprache findet, die durch den Wahnsinn politischer Korrektheit zu permanenter Comedy pervertiert. Österreich, wohl aus Angst vor seinem biederen Image, hat gleich ganze Arbeit geleistet: Die Nationalhymne wurde umgetextet und damit unsingbar, bei Examina und Doktorarbeiten muss, so heißt es geradezu geistesgestört offiziell, »ein(e) Studen-I-n seine/ihre Arbeit in genderneutraler Sprache abfassen«. Dazu bemerkt ein deutscher FAZ-Leserbriefschreiber trocken: »Wäre ich Student in Wien, würde ich meine wissenschaftlichen Arbeiten zweifach abliefern: einmal »genderneutral« und einmal in ordentlichem Deutsch.« Man lese einmal laut klassische Goethe- oder Luthertexte in dieser neuen genderisierten Sprache, es ist Realsatire pur! Es fing ja schon zu meinem Studienzeiten an, als man ernsthaft überlegte, das berühmteste, weltweit gesungene Lied von Matthias Claudius dem Zeitgeist anzupassen und damit der Lächerlichkeit preiszugeben – kann und darf man noch singen: »Nun legt euch denn, ihr *Brüder,* in Gottes Namen nieder … Und unsern kranken *Nachbarn* auch«?!

Schon allein wegen des herrlichen, über Jahrhunderte tradierten Liedgutes ist die christliche Gemeinde, wenn sie denn nicht zu einem Gutmenschen-Verein mit sprachpolizeilich geprüftem Lied- und Schriftgut pervertiert, auf Erden immer ein Fremdkörper. Wie sollen es Menschen ohne Glauben auch verstehen, dass sich Leute zweckfrei zusammenschließen, um Gott die Ehre zu geben?! Dass sie Gott mehr gehorchen wollen als den Menschen und der Heilige Geist ihnen wichtiger ist als der Zeitgeist? »Eine Gemeinde Jesu, die sich der Welt nicht anpasst, wird schwer durchkommen in der Welt« (Paul le Seur). Wir sind als Christen »ausgesät unter die Völker« (vgl. Sacharja 10,9). Das ist Fluch und Verheißung zugleich. Wir leben als Jünger von Jesus Christus mitten unter Ungläubigen.

Mögen wir im Westen harmlos mit Spott oder Nichtachtung behandelt werden, in islamischen Ländern müssen Christen um ihr Leben fürchten. Christen sind die meistverfolgte Religion der Welt, sie begegnen einer gnadenlosen Intoleranz. Die heile Welt einer direkten Gemeinschaft mit Gott haben schon die ersten Menschen zerstört. Aber doch ist es Gnade Gottes, uns nicht allein wie Schafe unter die Wölfe zu schicken. Er stellt uns als Herde zusammen. Und der Hirte ist er selbst.

Dahinter steckt das Geheimnis, dass die Gemeinden dort am stärksten wachsen, wo sie verfolgt werden. Das hat etwas mit dieser Prägekraft (Charakter) zu tun, die schwer zu ertragen ist und dennoch stabil macht. Bei einer meiner Israel-Reisen besuchte ich eine Palmenplantage. Warum auf der Krone dieser winzigen Pflänzchen kleine Kieselsteine liegen, wollte ich wissen. »Damit sie nicht in den Himmel schießen, sondern erst Wurzeln in der Erde bilden, die später ihr Leben erhalten.« Was für ein Gleichnis!

Bei allen Anfechtungen und Nöten, die die Gemeinde von Jesus jetzt erfährt, leuchtet uns doch schon das Ziel entgegen: die Wiederkunft von Jesus, der zweite Advent. Dann wird der Hirte sichtbar werden. Dann wird er die zerstreute Gemeinde sammeln (Matthäus 24,31). Dann wird es einen großen und endlosen himmlischen Gottesdienst geben, ohne Tod und Tränen, ohne Krieg und Schmerz. Diese Prognose ist die einzige Sicherheit, die Christen haben. Alles andere ist geschenkte Gnade: dass es uns gut geht, wir gesund sind und anständige Arbeit haben.

Das ist das Ziel. Bis dahin sind wir zerstreut unter die Welt, aber zusammengehalten von Jesus Christus. So ist das Leben in der Gemeinde eine gnädige Vorwegnahme der späteren himmlischen Vollendung. Gemeinde von Jesus ist ein

Stück Himmel auf Erden. Bei aller Unvollkommenheit, bei allen menschlichen Schwächen wird hier etwas sichtbar von dem, was Gott einmal mit uns vorhat. In der Zwischenzeit – nach dem Tod und der Auferstehung von Jesus Christus und vor dem Tag seiner Wiederkunft – dürfen wir in sichtbarer Gemeinschaft mit anderen Christen leben. Unsere Verbindung zu Jesus wird damit handgreiflich, erlebbar und erfahrbar – und für jedermann sichtbar.

Die Gemeinde ist der Ort, wo wir bleiben können. Bleiben im Glauben, in Gottes Wort, in Gehorsam, Gebet und missionarischem Gespräch. Es ist Gnade, dass schon hier etwas von dem gelebt werden kann, was einmal in Ewigkeit vollendet wird. Aus dieser Perspektive erhält die christliche Gemeinschaft einen unschätzbaren Wert. In ihr ist man zu Hause, hat Heimat – die größte Sehnsucht des modernen Menschen. In ihr ist man geborgen mitten in der Zerrissenheit der Welt. Mit ihr gehen wir dem großen Ziel entgegen, von dessen Zinsen wir schon hier leben dürfen.

Zielvereinbarung

Wir wandern als Kinder an der Hand des Vaters durch die Zeit in die Ewigkeit. Jeder Unternehmer weiß, dass es ohne Ziele keinen Erfolg gibt, keine Motivation und keine Strategie. In allen Bereichen des Alltags gibt es heute sogenannte Zielvereinbarungen. Nur das größte Ziel unseres Lebens, Tod und Ewigkeit, klammern wir aus. Dass wir uns, wie Hans-Jochen Vogel sagte, einmal vor Gottes Gericht verantworten müssen. Eine der bedeutendsten Unternehmerinnen, die keine Quote für ihre Spitzenposition brauchte, starb im

Februar 2015 mit 96 Jahren: Irene Gilbert-Loh. Sie hat den Tod in die Rechnung ihres Lebens hellsichtig einkalkuliert. Auf einem Ordner, den die evangelikale Christin hinterließ, steht: »Wenn ich umgezogen bin.« Von der Bergstraße in Haiger in die himmlische Heimat, erläutert sie. Ebenfalls im Februar 2015 starb Pfarrer Gerhard Hägel, der die Pfingsttagung in Bobengrün biblisch geprägt und viele zum Glauben geführt hat. Während seines Krankenlagers erzählte sein kleiner Enkel den Leuten: »Opa zieht um in ein neues Zuhause, das Jesus ihm macht.«

Ohne »Zielvereinbarung« mit unserem Schöpfer sind wir auf dem Holzweg. Ich kann nicht nach einer Orientierungsmarke segeln, die ich mir selbst am Bug meines Schiffes befestige. Ohne ein verlässliches Navigationsgerät ist zügiges Ankommen bei schwieriger Verkehrslage unmöglich. Wir brauchen Hilfe von außen. Auch wir leben von Voraussetzungen, die wir selber nicht schaffen können. Darin hat die Gemeinschaft der Christen ihren tiefen Sinn: Wir sind nicht allein auf diesem Weg. Hier darf man scheitern und fallen, Fehler machen und Schwächen zeigen, weil göttliche Kraft mit menschlicher Hilfe uns auffängt und aufhebt und Gott nur einen Herzenswunsch hat: dass wir ans Ziel kommen.

Kommt, Kinder, lasst uns gehen,
der Abend kommt herbei;
es ist gefährlich stehen
in dieser Wüstenei.
Kommt, stärket euren Mut,
zur Ewigkeit zu wandern
von einer Kraft zur andern;
es ist das Ende gut.

Sollt wo ein Schwacher fallen,
so greif der Stärkre zu;
man trag, man helfe allen …

Kommt, Kinder, lasst uns gehen,
der Vater gehet mit;
er selbst will bei uns stehen
bei jedem sauren Tritt;
er will uns machen Mut,
mit süßen Sonnenblicken
uns locken und erquicken;
ach ja, wir haben's gut.

Gerhard Tersteegen (1697–1769, niederrheinischer Unternehmer, Prediger, Kirchenliederdichter)

»Wer's glaubt, wird selig!« Wenn Sie das jetzt sagen, so haben Sie alles begriffen, was ich in diesem Buch meinte. Denn glauben heißt: wissen, was trägt.

Im Leitartikel zu Ostern 2015 mahnt DIE WELT drastisch: »Christlich ist unsere Herkunft, unsere Tradition, unser Menschenbild, unsere Bildung, unsere gesamte Anthropologie inklusive der gleichen Rechte der Frauen. Aber wir erinnern uns nicht mehr an unsere Leitkultur. Sind wir bereits derart vertrottelt und verblödet, dass uns alles egal ist?« Wer freiheitliche Grundwerte aufgibt, bringt sich um Führung und bleibt als Verlierer zurück. Diese ignorante Multikulti-Idiotie werden wir teuer bezahlen müssen.

Wie heißt es bei Matthias Claudius in der großen, auch denkerischen Souveränität eines glaubenden Menschen, der die tiefste Erkenntnis in ein einfaches Bild fasst, damit niemand sagen kann, er verstehe das alles nicht:

Seht ihr den Mond dort stehen?
Er ist nur halb zu sehen
und ist doch rund und schön.
So sind wohl manche Sachen,
die wir getrost belachen,
weil unsre Augen sie nicht sehn.

Unser Auge will auch das Ende nicht wahrhaben, den Tod als Ziel des Lebens. Man lebt im Hier und Jetzt; ist auch noch stolz darauf, auf Sicht zu fahren. Ich kenne einen Unternehmensberater, der am Kennenlern-Abend eines Wochenendseminars die Manager bittet, doch vor dem Einschlafen mal schnell den eigenen Nachruf zu schreiben, den man am Grab gerne hören würde. »Was ich von den Herren in Nadelstreifen am nächsten Morgen einsammele, sind lauter Bankrotterklärungen«, berichtet er mir. Sie merken plötzlich, dass das Leben ja endlich ist, dass die Karriere ja scheitern kann und die Familie längst zu kurz kommt. Dass man noch so viel machen will und die Pläne längst noch nicht abgearbeitet sind und die Sehnsucht immer größer wird, aber die Zeit nicht mehr reicht. Dass man zwar etwas geschafft, aber letztlich nichts geschaffen hat. Sie haben schlichtweg Angst, als Gescheiterte zu enden. Von dieser Voraussetzung aus – Realismus, nicht Optimismus oder Pessimismus – ist echte Managerberatung erst möglich, weil man auf Illusionen nur Wolkenkuckucksheime aufbauen kann, aber kein (Lebens-)Unternehmen, so der Berater.

Mir antwortete ein führender deutscher Wirtschaftslenker auf die Frage, was er am meisten bereut: »Dass ich erst so spät Christ geworden bin. Ich habe Jahrzehnte wertvollen

Lebens für nichts verplempert.« Stolz habe er alle Glaubenssubstanz seiner Kindheit verbannt, bis ihn ein einfacher Mitarbeiter bei einer Betriebsfeier einmal unverblümt fragte: »Sind Sie eigentlich glücklich?« Am nächsten Tag lag ein Buch des großen amerikanischen Evangelisten Billy Graham auf seinem Schreibtisch, ohne Absender. Den hatte er immer für einen religiösen Spinner gehalten, ein Maschinengewehr des Fundamentalismus, auf den so naive Leute reinfielen wie sein Mitarbeiter, aber doch nicht er!

Abends fand er sich in einem Hotelzimmer wieder, erstmals seit Jahren wieder ein Buch lesend. »Aber was heißt lesen. Ich habe es verschlungen und habe das Gleiche gemacht wie Jahrzehnte zuvor Österreichs bedeutendster Wirtschaftsmann, mein Kollege Eduard Ostermann: Ich bin auf die Knie gegangen und habe zu Gott gebetet – wie früher in meinem Elternhaus vor dem Kinderbett.« Heute weiß ich, dass ich als Realist nur noch beten kann: »Ich bin klein, mein Herz mach rein; soll niemand drin wohnen als Jesus allein.« Mehr gibt es nicht, aber mit weniger sollten wir uns nicht zufrieden geben.

Die Aidlinger Diakonisse Schwester Inge, die mit 70 Jahren eine Berliner Institution eröffnete, das »Café inneHALT« am Hauptbahnhof, war Weihnachten 2012 zusammen mit der Schauspielerin Jutta Speidel in meiner Sendung. Sie spielte lange Jahre die Ordensschwester Lotte in der ARD-Kultserie »Um Himmels willen« und engagiert sich ehrenamtlich für Mütter mit kleinen Kindern, die in Not geraten sind. Schwester Inge berichtete von den Menschen hinter den verzweifelten Gestalten, die völlig am Ende sind und kurz vor dem Selbstmord stehen. Es sind oft selbstständige Kaufleute, die alles verloren haben, oder Manager und

Nobel-Witwen, denen das Leben entglitten ist. Der Bahnhof als Endstation.

In ihrem Weihnachtsrundbrief 2014 schreibt sie von einer Begegnung bei der traditionellen Feier der Berliner Stadtmission vor dem riesigen Christbaum, mitten im Trubel des gläsernen Hauptbahnhofs: »Eine von oben bis unten bepelzte Dame verließ soeben die Rolltreppe. Ich habe ihr mit freundlichen Worten unser kleines Geschenk übergeben. ›Oh‹, sagte die Dame, ›Sie müssen wissen, ich bin gerade unterwegs zu einem Seminar mit dem Thema: Gott näherkommen. Das ist bereits mein zwanzigster Kurs und hat mich viel Geld gekostet.‹ Vorsichtig und humorvoll erwidere ich: ›Na, das hätten Sie aber einfacher und billiger haben können. Gott ist doch nur ein Gebet weit entfernt!‹ Die Frau hetzte jedoch weiter.«

Niemals aufgeben, unseren Nächsten diesen kinderleichten Weg zu Gott zu zeigen. Der ja extra Kind wurde, damit keiner sagen kann: Es ist zu kompliziert. Nur ein Gebet! Niemals aufgeben, Jesus Christus immer und immer wieder in sein Leben zu lassen, wenn man den Anschluss verloren hat. Gerade Gescheiterte sind bei dem, der am Kreuz endete, an der richtigen Adresse: »Vater, in deine Hände gebe ich meinen Geist, mein Leben, meine Existenz.« Denn eins ist und bleibt gewiss: Niemals aufgeben – das tut Gott in der Suche nach uns Menschen, nach mir. Mein Dasein ist mir viel zu wertvoll und einmalig, als mich von ihm nicht finden zu lassen. Es stimmt: »Gott kennen ist Leben« (Leo Tolstoi). Mit diesem Wert(-vollen) »Leben« bleibe ich in Führung, auch wenn andere mich zu überholen scheinen. Wer zuletzt lacht, lacht bekanntlich am besten.

EDZARD SCHAPER

DAS CHRISTKIND AUS DEN GROSSEN WÄLDERN

EDZARD SCHAPER

DAS CHRISTKIND AUS DEN GROSSEN WÄLDERN

MIT ZEICHNUNGEN VON
REGINE TARARA

ARTEMIS & WINKLER

Bibliografische Information der Deutschen Nationalbibliothek
Die Deutsche Nationalbibliothek verzeichnet diese Publikation
in der Deutschen Nationalbibliografie;
detaillierte bibliografische Daten sind im Internet
über http://dnb.d-nb.de abrufbar.

28. Auflage

Bibliographisches Institut GmbH,
Mecklenburgische Straße 53, 14197 Berlin

Umschlagmotiv: Zeichnung von Regine Tarara
Umschlaggestaltung: Büroecco, Augsburg
Druck und Bindung: GGP Media GmbH,
Karl-Marx-Straße 24, 07381 Pößneck
Printed in Germany
ISBN 978-3-411-16035-8
www.artemisundwinkler.de

FÜR ERNST UHLMANN,
DEN LIEBEN FREUND UND
BEHERZTEN SOLDATEN

Eine Fernpatrouille der dritten finnischen Jägerbrigade unter dem Befehl des Leutnants Heiskanen, die in den Vorweihnachtstagen des Jahres 1941 den Auftrag erhielt, aus den Wäldern um Kuolemaajärvi vorzustoßen und aufzuklären, ob der Feind sich in den gleich Inseln im Wäldermeer Ostkareliens verstreuten Einöddörfern festgesetzt und dort Anstalten zur Verteidigung getroffen habe, hatte auf diesem einsamen Erkundungsgang, bei dem die Teilnehmer durch die dünn besetzte russische Front stießen und mehr als fünf Tage lang ohne jedwede Verbindung mit ihrer Truppe waren, ein Erlebnis, das, als das Fest der Heiligen Drei Könige vorüber und schon ein eiskalter Januar angebrochen war, an diesem Frontabschnitt immer noch von Mann zu Mann besprochen wurde.

Die sieben Teilnehmer an der Patrouille hatten sich am dritten Tage nach dem Aufbruch, auf Schneeschuhen abseits der Straße, auf welcher der Vormarsch gegen Osten bis eben vor sich gegangen war, bis in das tief verschneite Gebiet um die Seenenge von Munasoo vorgearbeitet und hatten bislang keinerlei Anstalten des Feindes zu mehr als nur schwach hinhaltender Verteidigung feststellen können. Die Verwüstungen im Walde durch Baumsperren über der Straße hatte frisch gefallener Neuschnee verhüllt, und die von der Straße in die Gräben hinabgefahrenen, mit verschneitem Reisig getarnten Panzer machten auch bei längerer Beobachtung den Eindruck, sie seien ohne Bemannung und eher bei Mißgeschicken der Rückzugskolonnen im Graben geendet, als vorsätzlich zur Deckung des Rückzugs und zur Verteidigung aufgefahren. In keinem der einsamen Gehöfte hatte die Patrouille Menschen feststellen können, allerdings auch nicht gewagt, den Augenschein näher als durchs Fernglas vorzunehmen und sich – trotz tarnendem Schneehemd – von der Flanke her auf weniger als fünf-, sechshundert Meter anzuschleichen. In der ungeheuerlichen Stille, die den fortwährend gespannten Ohren der sieben Männer allmählich zu tönen begann und in der schon das leise Geräusch der Erleichterung, mit dem ein Zweig unter der abgleitenden Schneelast emporschnellte, wie das Getöse einer Lawine anmutete, hatte die Patrouille kurz vor Einbruch der Nacht das erste größere Dorf, Kangasjärvi, erreicht. Auch hier verharrte die Patrouille geraume Zeit im Schutz der Bäume und unterzog die Waldlichtung mit dem darinliegenden Dorf, dessen graue Häuser im eindunkelnden Abend wie eine kleine Herde aussahen, die sich zur Rast niedergelegt hatte, einer argwöhnischen Beobachtung. Doch auch hier ver-

ging die Zeit, ohne daß der Argwohn, das Dorf könne oder müsse besetzt sein, auch nur die geringste Nahrung erhalten hätte. Immerhin vertrat Leutnant Heiskanen so lange die Ansicht, hinter dieser völligen Stille und Ausgestoßenheit verberge sich eine Finte des Gegners, die man nur deshalb so schwer durchschauen könne, weil die Russen statt rechtsherum linksherum dächten, daß es schon dichte Dämmerung war, als die Patrouille sich den Häusern mit der Absicht näherte, im Dorfe selbst aufzuklären und womöglich einmal die Nacht nicht unter freiem Himmel zu verbringen. Weit auseinandergezogen, in äußerst vorsichtigem, zögerndem Anmarsch erreichten die Männer schließlich den Ausgang des Dorfes von hinten her und sammelten sich bei einer Bodenwelle mit einer kleinen Scheune, die vor Einsicht vom Dorfe her geschützt lag. Die Straße, die sie dabei zu überqueren gehabt hatten, war allen sieben das schwerste Stück gewesen, denn zu der Möglichkeit, daß sie vermint sein konnte, war die Gefahr gekommen, hier am ehesten entdeckt zu werden. Indessen gelang der unbemerkte Anmarsch vollkommen, und die sieben fanden sich im Schutze der Scheunenwand unbeschadet zusammen.

Eine lange, zögernde, weiche Winterdämmerung, in der schon ein paar Sterne aufglommen, vereinigte Himmel und Erde für eine Weile, ehe das strenge Dunkel hereinbrach. Die anhaltende Stille aber war, nachdem die Spannung gewichen war, so erregend, daß die sieben trotz der Gefahr nicht ohne Befriedigung laute Anzeichen von der Nähe des Feindes hingenommen hätten. Heiskanen schlug vor, die Häuser näher in Augenschein zu nehmen, die Dämmerung begünstige das Anschleichen in lockeren Gruppen von je zweien oder dreien, man müsse sich nur vor Minierungen in der Nähe der Häuser und in den Häusern selbst hüten. Daß ein Dorf in so beträchtlicher Entfernung von der Frontlinie jetzt schon völlig geräumt und statt der Zivilbevölkerung nicht einmal von Truppen belegt war, erschien allen unbegreiflich. Der Gegner mußte erwartet haben, daß der Vormarsch der Jägerbrigaden nicht zum Stillstand kommen würde, und hatte wohl diese Dörfer übereilig geräumt, ohne von den mannigfaltigen Möglichkeiten, sie zur Verteidigung zu benutzen, Gebrauch zu machen. Vielleicht aber verbargen sich auch ganz andere Absichten dahinter, auf die nur sie, die rechtsherum dachten, nicht verfielen. Mißlich genug, war so viel Neuschnee gefallen, daß sie aus Straßenspuren auch nicht im geringsten mutmaßen konnten, wann dieses Dorf geräumt worden war. Der Abendstern funkelte schon in einem tieferen Blau, als die sieben die Kapuzen fest ums Gesicht schlossen, die Maschinenpistolen vor die Brust schoben und in kleinen Gruppen aufbrachen. Der Korporal Jänttinen machte sich, wie immer, mit seinem Freunde Sanavuori auf, der aus demselben Städtchen wie er in der Landschaft Häme stammte. Nach kurzer Zeit, in der auch nicht das geringste Geräusch die noch Zurückgebliebenen davor gewarnt hatte, den Vorausgegangenen zu folgen, lag der Rastplatz hinter der Scheune leer. Alle sieben waren im Dorf, und der Zufall fügte es gleich zu Anfang so, daß sich der Gruppe Jänttinen und Sanavuori auch der Feldwebel Suukselainen anschloß, der eigentlich zur Gruppe Heiskanen gehörte. Spätestens nach Einbruch völliger Dunkelheit sollte man sich wieder bei der Scheune treffen. Heiskanen wollte nämlich statt eines Hauses im Dorfe die Scheune ein besseres Nachtquartier dünken, denn das Gelände in ihrer Umgebung begünstigte einen Rückzug unter Beschuß, falls man doch mit dem Feinde in Fühlung geraten sollte.

Bei der Erkundung im Dorfe bekamen die einzelnen Gruppen einander bisweilen zu Gesicht, freilich nur schemenhaft und für wenige Augenblicke; doch war das Erstaunen maßlos, als beim Sammeln später der Korporal Jänttinen in Gesellschaft von Sanavuori und Suukselainen mit einem unförmigen Bündel erschien, das er sich um den Hals geknüpft hatte und das – keiner wollte das so recht glauben und meinte, er müsse sich im Nachtdunkel getäuscht haben – ein lebendiges Kind enthielt!

Wie, um des Himmels willen, waren Jänttinen, Sa-

navuori und Suukselainen in diesem auch bei genauem Zusehen völlig ausgestorbenen, allerwege vom Tod der Verminung umlauerten Dorf zu einem Kind, einem lebendigen Kind gekommen? Jänttinen, ein sehr großer, grobknochiger Mann, im Zivilberuf Maschinenschlosser, saß mit dem Bündel auf den Knien und der Maschinenpistole darüber verlegen da und lächelte. Er ließ Sanavuori erzählen, was sich zugetragen hatte. Ohne Sanavuori, meinte er einsilbig, wären sie auch alle drei nicht zurückgekommen. Die Erzählung Sanavuoris nun ließ den andern so heiß werden, daß sie die Kapuzen losknöpften und atemlos lauschten.
Bei der Erkundung in etlichen Häusern am Eingang des Dorfes, zu denen, wie sie bemerkt, keine der andern beiden Gruppen hingegangen sei, hätten sie aus einiger Entfernung etwas gehört, was sie zunächst für das Jammern einer Katze gehalten, dann aber als das Schreien eines Kindes erkannt hätten. Daß sie's überhaupt gehört, hätten sie nur dem eigentümlichen Umstand zu verdanken gehabt, daß die Tür eines Hauses weit offen gestanden hätte, die der Kammern zu beiden Seiten der Vorstube aber geschlossen gewesen wären. Geraume Zeit hätten sie abwartend vor dem Hause ver-

bracht, bis ihnen zur Gewißheit geworden sei, daß tatsächlich in einer der Kammern ein Kind schrie. Und alle Vorsichtsmaßnahmen zu beschreiben, unter denen sie sich schließlich Eintritt in das Haus verschafft hätten, reiche die Zeit einfach nicht aus. Sanavuori erwähnte nur, daß er auf Suukselainens Rat den Hackklotz, der vor dem Hause gestanden, mit einer Stange tiefer und tiefer in den Hausflur geschoben hätte, um sicherzugehen, daß nicht der Fußboden vermint sei. Bei dem Gerumpel in seiner Nähe aber habe das Kind nur noch lauter zu schreien begonnen. Sie hätten es heiß bekommen in dieser absonderlichen Lage. Als sie zu guter Letzt sich bis ins Haus selber vorgewagt – Suukselainen habe die Wache am Eingang übernommen –, hätten sie dort die ganze Ärmlichkeit in wilder Unordnung, wie nach einem überstürzten Aufbruch der einstigen Bewohner, vorgefunden. Im Lichtkegel der Taschenlampe aber habe sich auch ein kleines Bett gezeigt, in welchem das Kind gelegen und laut geschrien habe. Das Haus sei völlig ausgekühlt gewesen, und nur viele Decken, unter die man den Kleinen gebettet, hätten ihn wohl vor dem Erfrieren bewahrt. Sie hätten diesen einzigen Bewohner des Dorfes zunächst einmal fassungslos angestarrt.

Dann habe Jänttinen ihn aufnehmen wollen und in die Decke gegriffen …

Im selben Augenblick aber – er wisse nicht, wie er das erklären solle –, sei er, Sanavuori, hinzugestürzt und habe Jänttinen daran gehindert. Jänttinen habe nicht begriffen, warum, und ihm wehren wollen. Der Knabe, still geworden, habe ihnen derweil nur zugeschaut, mit weit offenen Augen. Sie hätten die Decken vorsichtig abgehoben. Und da hätten sie bemerkt, daß das Kind in seinem Bett festgebunden war … »Festgebunden?« wiederholten etliche ungläubig.

… Und Jänttinen habe schon die Stricke lösen wollen, da sei er ihm abermals in den Arm gefallen, und dabei sei ihm die Taschenlampe entglitten, und sie hätten ein paar Augenblicke im Dunkeln dagestanden, und ihm habe das Herz bis in den Hals hinauf geklopft – vor Angst, Jänttinen könne im Dunkeln nach dem Kinde greifen. Achtung, Mine! habe er sagen wollen, aber diese beiden Worte einfach nicht herausgebracht und, auf den Knien, mit aller Angst im Leibe nur immer weiter im Dunkeln nach der Laterne getastet, die auf dem Fußboden liegen mußte. Als er sie gefunden habe, sei sie halb unter dem Bett gelegen, neben den

Sprengsätzen, die er als etwas Kaltes nur mit den Fingerspitzen berührt habe, unter dem Bett, unter dem Kinde, das also auf Tod und Verderben festgebunden lag und mit jedem, der sich seiner erbarmen wollte, in die Luft fliegen mußte. Die Stricke, mit denen man es gefesselt, standen in Verbindung mit der Zündung. Zog man an ihnen, dann zog man auch die Zündung ab … Er könne gar nicht sagen, wie ihm in diesem Augenblicke zumute gewesen sei. Als es wieder hell geworden sei, habe er Jänttinen an den Knoten nesteln sehen, das habe er wohl schon im Dunkeln getrieben …

Jänttinen nickte.

… und habe nur noch stammeln können: Mine! Da habe Jänttinen die Knoten in Ruhe gelassen und ihn angestarrt. Er sei so erleichtert gewesen, daß er nichts mehr gesagt und ihn stumm beim Arm genommen habe. Wahrscheinlich habe er weg wollen, weg von dem Kinde, weg aus dem Haus – überhaupt weg von dieser teuflischen Falle. Jänttinen aber habe nicht weg wollen. Da sei er niedergekniet, habe ihm gewinkt, das gleiche zu tun, und habe ihm die Sprengsätze unter dem Bettchen gezeigt. Jänttinen habe nur lächelnd genickt. Als sie aufgestanden seien, habe er einen Augenblick vor dem Bett gestanden. Das Kind, das wohl etwas zu essen erwartet hatte und enttäuscht worden war, habe abermals angefangen zu wimmern. Und dann – das sei alles so schnell gegangen, daß er nicht habe begreifen können –, dann habe er mit einemmal gesehen, wie Jänttinen seine Laterne vom Riemen genommen, sie angeknipst, die Schlaufe mit den Zähnen gepackt und sein Messer gezogen habe. Er habe nicht gewußt, was er eigentlich vorhabe. Jänttinen habe das Kind betrachtet, als wolle er's schlachten – ja, genau so habe er ausgesehen, so finster und grimmig –, und dann habe er die Stricke vorsichtig durchgeschnitten, in der Rechten das Messer, mit der Linken zwischen das Kind und seine Fesseln greifend, so daß die gespannten Stricke sich nicht plötzlich unter dem Messerschnitt lockerten. Als er das Kind vorsichtig umgekehrt habe, um nachzusehen, ob es auch mit seinen Kleidern irgendwo festgebunden sei, hätten seine Hände gezittert, das habe er, Sanavuori, genau sehen können. Dann aber habe er den Knaben, der ein einziges feuchtes Paket gewesen sei, aus dem Bett gehoben und in die Decken gewickelt, die trocken gewesen seien. Und da seien sie nun, mit einem Kind als Beute ...

Die anderen sechs betrachteten Jänttinen, der mit dem Bündel und der Maschinenpistole auf den Knien dasaß und verlegen lächelnd den Blick erwiderte.

»Was soll man machen?« murmelte er und zuckte die Achseln, als könne man eine so unverhoffte Gabe, wie hinderlich sie auch sei, nicht ausschlagen.

Die andern fragten, ob es ein Knabe sei.

Er nickte und sagte gutmütig mißbilligend, der Bursche müsse ein wahrer Brunnen gewesen sein, obschon er doch nichts zu essen und zu trinken bekommen habe.

Immerhin könne er nicht gar zu lange so gelegen haben, sonst wäre er nicht mehr am Leben, wandten etliche ein. Das Dorf sei wohl erst gestern geräumt worden. Noch eine Nacht ohne Nahrung in der Kälte des ungeheizten Hauses hätte das Kind aber schwerlich überstanden. Der Einfall, die rührende Unschuld und Hilflosigkeit eines Kindes zur Vernichtung eines Gegners zu mißbrauchen, war so ungeheuerlich, daß sie kein Wort darüber sagten. Was aber sollten sie jetzt mit dem Kinde anfangen? Milch hatten sie nicht, überhaupt nichts zu essen außer ihrem Trockenproviant, und mit einem Kinderwagen konnten sie auch nicht auf Patrouille gehen, ganz zu schweigen davon, daß ihre Ausrüstung keine Windeln enthielt und sie bestenfalls ein paar Verbandpäckchen opfern konnten. Heiskanen hatte von hier aus den Rückmarsch antreten wollen, aber er konnte sich nicht vorstellen, daß sie dabei ihrer acht sein sollten. Was wurde aus dem Kind, wenn sie Feuer erhielten und Hals über Kopf zurück mußten!

Der Bedenken dagegen, das Kind mitzunehmen, waren viele, und doch sprach keiner sie aus. Als Jänttinen in das etwas betretene Schweigen der Kameraden hinein ruhig und ohne sonderlichen Nachdruck erklärte: »Ich nehme es halt mit!«, wurde kein Widerspruch laut, nicht einmal Bedenken, obschon Heiskanen da gerade einfiel, das Kind könne ja zu allem hinzu auch noch durch Geschrei zur unrechten Zeit eine wahre Hölle heraufbeschwören. Er ließ sich von Sanavuori nur in seine Kartenskizze das Haus einmerken, in dem sie das Kind und die Minen unter seinem Bett gefunden hatten. Dann berichteten die andern von ihren Entdeckungen.

Als sie nach etlichen Vorsichtsmaßnahmen die kleine Scheune bezogen, in der sich noch ein paar Hände voll Heu fanden, die ihnen das Lager weicher machen konnten, übernahm Jänttinen die erste Wache. Die Kameraden, die sofort einschliefen, gewahrten an diesem Abend noch nicht, was ihnen in den folgenden beiden Tagen zum gewohnten Anblick wurde, der für sie allmählich alles Lächerliche verlor: wie der bärtig verwilderte Jänttinen bedächtig ein Stück Trockenbrot aus seiner Tasche holte, es lange kaute und den dunklen, säuerlichen Speisebrei dann, tief über das Kind gebeugt, ihm mit den Fingern in den Mund tat. Er gab, was er hatte, das einzige, womit er das Kind am Leben zu erhalten hoffen konnte, und die absonderliche Form des Vorkauens und des »Kröpfens«, wie die Kameraden es später nannten, gab er an den folgenden Tagen nur insoweit auf, wie die andern ihm bedeuteten, er habe ja einen Löffel, mit dem er dem Kind die vorgekaute Nahrung verabreichen könne. An jenem ersten Abend erhielt der Knabe noch eine pelikanische Mahlzeit, die er im Schein der abgeblendeten Taschenlaterne gierig verschlang. Dann weckte Jänttinen den Kameraden, der die folgende Wache übernehmen sollte, und legte sich, Kind und Maschinenpistole an der Brust, zum Schlafen nieder. In der Morgenfrühe, vor dem Aufbruch, wurden seine Kameraden Zeugen der zweiten Mahlzeit; auch wusch er dem Kinde später mit einem Stück Verbandmull das Gesicht. Das alles, sagte er, sei ihm nichts Ungewohntes; er habe daheim selber zwei. Die Kameraden begannen, den Knaben Iwan zu nennen und sich unter diesem Namen nach dem Befinden des Kindes zu erkundigen. Jänttinen streifte dann ein paarmal die Vermummung zurück und ließ sie das Gesicht eines schlafenden Kindes mit dunklem Haar sehen, das wenig mehr als ein Jahr alt sein mochte und dem, nach der Farbe seiner Wangen zu urteilen, nichts zu mangeln schien. Als die Patrouille aufbrach, hing Jänttinen sich das Kind in Decke und Zeltplan dicht vor die Brust, so daß das Bündel nicht gar zu wild schaukelte. Seine Hände hatte er frei. Er lief jetzt nur ein wenig gebeugter unter dem Gewicht der Last, die von den Achseln herab vor seiner Brust hing und noch mit Riemen an seinem Koppel befestigt war. Heiskanen und mancher von den andern betrachteten ihn zweiflerisch. Er wisse nicht, wie das gehen solle, äußerte der Leutnant. Ach, das gehe schon, erwiderte, den Rücken aufrichtend, Jänttinen seelenruhig. Die Last um den Hals aber ließ ihm die Adern auf der Stirn hoch anschwellen.

Sanavuori versprach, mit ihm abzuwechseln. – Hierlassen können habe man ja das Kind doch nicht, das wäre sein gewisser Tod gewesen.
Das wollte der Leutnant nicht bestreiten. Nur, meinte er, könne man keine Rücksicht nehmen. Wenn Jänttinen mit dem Kinde nicht so schnell sein könne wie die andern, wisse er nicht, wie sie sich anders helfen wollten als dadurch, daß sie den Ballast doch über Bord warfen. Er wolle die Patrouille heil zurückbringen und keinen Mann aufs Spiel setzen.
Jänttinen tat so, als höre er das nicht. Als sie den Rückmarsch antraten, war er es, der die Geschwindigkeit steigerte. Wie eine Lokomotive pflügte er sich vorwärts, den Kopf gesenkt, die Schultern mit der Zeit immer tiefer vornübergebeugt, darauf bedacht, das Bündel vor seiner Brust nicht in gar zu heftige Schwingungen geraten zu lassen. Als Sanavuori ihm nach ein paar Stunden anbot, das Kind zu tragen, schüttelte er nur stumm den Kopf, den die verdoppelte Anstrengung des Tragens und des Laufens feuerrot gemacht hatte. Die andern musterten Jänttinen stumm und verstohlen, wenn die Patrouille einmal den weit auseinandergezogenen Gänsemarsch aufgab und sich in einer Gruppe

sammelte. Heiskanen verbesserte tagsüber mehrfach die Karten mit der Lage der Hindernisse, die er auf dem Anmarsch gezeichnet hatte. Wäre nicht das vonnöten gewesen, niemand von den sieben hätte glauben können, etwas anderes als einen ungewöhnlich langen Ausflug mitzumachen. Die Stille und das Ausbleiben jeglicher Berührung mit dem Feinde, der diesen Frontabschnitt doch nicht unbemerkt und so gänzlich aufgegeben haben konnte, wie es den Anschein machte, wirkten am Ende unheimlich, und mehr als einmal ging einem der sieben der Gedanke durch den Kopf, sie liefen mit jeder ungestörten Stunde nur immer tiefer – wie Fische in eine Reuse – in eine Falle hinein, aus der es dann kein Entrinnen mehr gebe. Nicht einmal das Kind ließ von sich hören. Heiskanen äußerte einmal die Vermutung, daß Jänttinen sich damit abplage, einen Toten durch die Wälder und die Frontlinien zu tragen; sein Erst- und Eingeborener [er hatte nach dem Winterkrieg geheiratet] hätte sich schon längst gemeldet, aber nachdem dieser Argwohn einmal ausgesprochen worden war und Jänttinen ohne viel Widerrede nur stumm die Decke von dem Gesicht des schlafenden Kindes zurückgeschlagen hatte, um die Ungläubigen mit dem Augenschein zu überzeugen, wurde derlei nie mehr geäußert. Eher neigte man insgeheim der Auffassung zu, Iwan mit seinem krebsroten Gesichtchen müsse krank geworden sein, doch sprachen gegen diese Vermutung der ruhige Atem und die zu Fäustchen geballten Hände neben den Schultern.

Jänttinen selber überzeugte sich, nachdem einmal ein Verdacht ausgesprochen war, von Zeit zu Zeit verstohlen, daß es mit dem Kinde zum Rechten stand. Bei der ersten Mittagsrast überraschte er die Kameraden durch sein Kröpfen und ging am Abend statt der Finger zum Löffel über.

Es konnte nicht ausbleiben, daß sich während der Mahlzeit alle um Jänttinen versammelten und zusahen. Ihm fehlte es dabei nicht an Ratschlägen, wie er dieses und jenes besser oder anders machen könne. Diejenigen unter den sieben, die selber Väter waren, streuten sparsam eigene Erfahrungen aus. Es wurde jedoch von allen als so etwas wie ein stillschweigendes Einverständnis mit der Anwesenheit des Kindes betrachtet, als der Leutnant an Jänttinen ein gut Teil seines Verbandpäckchens und eine Tube Wundsalbe verschenkte und ihm den Vorschlag machte, Iwan in Ermangelung von

Wasser mit dieser Salbe zu reinigen. So habe er's seine Frau bei ihrem Sohn machen sehen. Jänttinen nahm die Gabe an, unterließ jedoch die Reinigung, die man, wie er sagte, verschieben müsse, bis man es in der Wärme tun könne. Der Schmutz schade dem Kind bestimmt weniger als Kälte.

In der Nacht, als die Patrouille unter ein paar riesigen Tannen mit tief herabreichendem Geäst ihr Lager aufgeschlagen hatte und alles bis auf die Wache schlief, begann das Kind, das an Jänttinens Brust lag, mit einemmal zu wimmern, und Jänttinen erwachte davon … Und da zum ersten Male hörte der wachende Kamerad, wie Jänttinen das weinende Kind in seiner eigenen Sprache zu beschwichtigen versuchte und es dabei bald Juhani und bald in allen möglichen Koseformen dieses Namens Jussi, Juha, Jukka und Jukku nannte. Ob Jänttinen selbst bei diesen Beruhigungsversuchen richtig wach war, wußte die Wache nicht, denn der Pflegevater brauchte seinem Kind nur ein paarmal gut zuzureden, da wurde es still, niemand war von seinem Weinen aufgewacht, und kaum war das Kind eingeschlafen, da lag auch Jänttinen wieder ruhig atmend da und hielt das stille Bündel zwischen seinen Armen.

Als die Patrouille, noch bevor es Tag geworden war, von neuem aufbrach, bot jener, der in der Nacht Zeuge der Beschwichtigung gewesen war, Jänttinen seine Hilfe an, er könne Jussi gut eine Meile tragen [er sagte da schon Jussi, ohne sich dabei etwas zu denken], doch Jänttinen wehrte das freundlich ab. Ihm mache es nichts aus, er habe sich schon daran gewöhnt, und es sei auch besser, daß das Kind bei ihm bleibe, falls sie doch unvermutet in Schwierigkeiten kommen sollten.
Das war eine für Jänttinens sonstige Wortkargheit ungewöhnlich lange Erklärung.
Bei der nächsten Mahlzeit, die man hielt, legte Heiskanen Jänttinen mit einemmal ein paar Stükke eines hellen, trockenen Gebäcks auf den Mantel und meinte, als Jänttinen verdutzt aufblickte, Weizenbrot werde Iwan besser zuträglich sein als das dunkle, gesäuerte Hartbrot, worauf etliche jedoch bemerkten, Juhani sei bestimmt mit Rindenbrot aufgewachsen, so üppig habe das Dorf, dem Anschein nach, nicht gelebt, und nachdem das Kind – unerklärlich, wie – schon nach einem Tage, da ein finnischer Soldat es durch die ostkarelischen Einödwälder getragen hatte, in die Familie des eigenen Volkes aufgenommen worden war und den

finnischen Namen des Täufers und Vorläufers erhalten hatte, sprach auch der Leutnant fortan von Juhani oder Juha, und der Tag ging nicht hin, ohne daß jeder sich einmal erboten hatte, Jänttinen seine Last abzunehmen.

Er schlug die Hilfe jedesmal aus, so als sei ihm unumstößlich gewiß, daß nur er allein das Kind durch die Wälder und die feindlichen Fronten tragen dürfe. Die Vermutungen der Kameraden, Iwan-Juhani brauche keineswegs russischer Herkunft zu sein, die Bevölkerung dieser Gebiete sei ja von finnischem Stamm, soweit nicht für die ausgesiedelten und verschickten Tausende finnischer Herkunft und Sprache eine neue Bevölkerung aus dem Innern Rußlands angesiedelt worden war, hörte er sich mit Gleichmut an. Sein Blick, mit dem er den Kopf des Kindes vor sich betrachtete, hatte nichts Forschendes, welcher Herkunft Juhani wohl sei, und das Kind, das – wenn es seine Augen geöffnet hatte – eigentlich nur Jänttinen betrachtete und keinen der andern, wie denen mit der Zeit auffiel, schien diesen Pflegevater als seinen einzigen und wahren Vater anzunehmen, als habe es vor ihm noch keinen Menschen gesehen. Dagegen schien Jänttinen nicht gern zuzuhören, wenn die andern sich in Mutmaßungen ergingen, was für eine Mutter das gewesen sein müsse, die sich ihr Kind zu einem so ungeheuerlichen Anschlag habe nehmen lassen. Kam die Rede darauf, dann ging er aus der Gruppe davon. Er tat dies, auch wenn nicht darüber gesprochen wurde, um so häufiger, je näher sie den eigenen Linien gelangten, ohne ersichtlichen Grund. Es hatte beinahe den Anschein, als gehe auch ihm allmählich auf, daß es ein großes Wagnis sein werde, mit dieser Bürde eine Strecke zu durchqueren, in der es auf größte Schnelligkeit und Wendigkeit ankam.

Bei ihrer letzten Besprechung, in der Dämmerung des zweiten Rückmarschtages, saß Jänttinen in finsterem Schweigen da und ließ Heiskanen und den anderen fünf die Entscheidung. Heiskanen war der Meinung, allein aus der Tatsache, daß sie Jussi gefunden hätten, gehe hervor, daß der Feind ein schnelles Nachdrängen der finnischen Truppen erwartet habe. Seine Linien könnten also nur sehr locker und dünn mit vereinzelten Widerstandsnestern besetzt sein, ohne eine eigentliche, zusammenhängende Stellung. Überrascht vom Ausbleiben des finnischen Vorstoßes, würden die Russen wohl jetzt erst das Gelände durch Truppen besetzen, die sie aus ihren Auffangstellungen vorschikken könnten. Um dieser Maßnahme zuvorzukommen, sollte ihr Stab baldmöglichst im Besitz ihrer Aufklärungsergebnisse und der Kartenskizzen sein. Er wolle deshalb vorschlagen, daß sie weitermarschierten, dann könnten sie entweder im Schutze der Nacht oder spätestens in der Morgendämmerung nach verabredetem Signal in die eigenen Linien gelangen. Aus einem begreiflichen Heimweh nach den eigenen Quartieren waren alle dafür, den nächtlichen Gewaltmarsch auf sich zu nehmen. Selbst Jänttinen rang sich ein stummes Nicken seines bärtig-verwilderten Kopfes ab. Man aß ausgiebiger als sonst, die Nähe des eigenen Lagers ersparte bedachtsame Schonung der Vorräte, je weniger Gepäck man hatte, um so unbehinderter konnte man ausschreiten, und selbst Jussi erhielt von dem mit der Zeitvergessenheit eines Tieres kauenden Jänttinen eine so reichliche Mahlzeit, wie er sie vordem noch niemals genossen. Ein paar derbe Bemerkungen, Jänttinen als einziger müsse im Gepäck mittragen, was an reichlicher Verpflegung schon genossen worden sei, den Jussi werde man mit der Spitzhacke aus dem Bündel befreien müssen, ließ Jänttinen in seiner Verfinsterung un-

beachtet. Er duckte sich, vornübergeneigt, wie ein Stier zum Angriff, als man die Stöcke einstemmte und mit Heiskanen an der Spitze zum letzten Marsch aufbrach.

Um diese Zeit war es bereits dunkel. Jedes laute Wort verbot sich von selbst, und es gab in der völligen Stille, die nur vom Schleifen der sieben Schneeschuhpaare unterbrochen wurde, Augenblicke genug, da jeder der sieben befürchtete, Jussi könne gerade für diese Stunde seine Stimme gespart haben – Augenblicke, da mancher sich fragte, wozu er, wenn das geschehen sollte, dann wohl fähig sein könne. Verfinsterten Sinnes fuhr der so Denkende in die immer tiefere Finsternis hinein.

Heiskanen, an der Spitze, legte häufiger einen kurzen Halt ein und ließ aufschließen, einmal um den Kompaß zu befragen, ein andermal um zu lauschen und Verhaltungsmaßregeln für einen Ernstfall auszugeben, oder auch nur um den heftig arbeitenden Lungen eine Weile Ruhe zu gewähren, bis der Schweiß anfing zu erkalten und ein Schauder über den Rücken zu neuem Aufbruch mahnte. Die Wachsamkeit war nun schon dermaßen gespannt, daß das geringste ungewohnte Geräusch alle sieben in Deckung gehen und die Hände vom Knauf der Stöcke an die Maschinenpistole fliegen ließ. Einmal trat ein unerwarteter Riß in der Kette ein: Jänttinen, in der Mitte, war unvermittelt stehengeblieben und flüsterte heiser in das Bündel hinein. Nur er hatte das ganz leise Wimmern daraus vernommen und war mit stockendem Herzschlag stehengeblieben. Als die Kette sich wieder zusammenfügte, war das Schweigen in beiden Gliedern ein anderes als zuvor. Viele Augen suchten Jänttinens Bürde zu erkennen. Die Ohren unterschieden jetzt schon in der Ferne das Geräusch fahrender Transporte und hin und wieder einen Abschuß. Die Patrouille stieß zögernder vor, Heiskanen vervielfachte die Horchpausen und spähte unablässig ins

Gelände, um richtungweisende Merkmale ausmachen zu können. Der Wald aber war so unwegsam und dicht wie an allen vorangegangenen Tagen. Mitternacht war längst vorüber, als ein Gewehrschuß in der Nähe die sieben aus der Monotonie des schleifenden Anmarsches weckte und hinter die Bäumstämme bannte. Keiner von ihnen wußte, ob der Schütze die eigenen Linien hatte alarmieren wollen, oder ob sie, ohne es zu wissen, schon so nahe an die Front gekommen waren, daß dieser Schuß zu dem planlosen Störungsfeuer gehörte, mit dem nächtliche Posten sich zuweilen Mut zu machen und den Gegner zu überzeugen versuchen, daß man gegen alle Überraschungen auf der Hut sei. Als nach diesem vereinzelten Schuß lange Zeit nichts mehr zu hören war, glaubte mancher schon, der Knall habe von einem Baum hergerührt, den der starke Frost gespalten hatte. Immerhin erlaubte das Beispiel des Leutnants keinem auch nur die geringste Bewegung. Sie kauerten wie aus Erz gegossen hinter den Stämmen und verwuchsen mit jeder Minute mehr mit der Reglosigkeit der froststarren Nacht. Heiskanen jedoch schien ein weiteres Vordringen allzu gewagt. Die Patrouille war wie blind, jeder Schritt wäre nur ein

Tasten gewesen, bei dem man unvermutet auf ein feindliches Widerstandsnest stoßen konnte. Keiner hatte, als dieser vereinzelte Schuß abgefeuert worden war, das Mündungsfeuer gesehen und sich danach eine Vorstellung zu bilden vermocht, wo der Schütze lag. Anderseits ließ die völlige Stille hinterher die Vermutung zu, daß man ihr Nahen überhaupt nicht bemerkt hatte. Unter diesen Umständen hielt Heiskanen es für das geratene, die erste Morgendämmerung abzuwarten. Er winkte seine Leute zu sich heran. Geduckt, die Knie in einem beinahe spitzen Winkel vorschiebend, glitten sie zu ihm und sammelten sich um ihn. Er sagte, daß er bis zum Morgen warten wolle. Einen Augenblick herrschte Stille. Dann murmelte Jänttinen keuchend, sie sollten lieber weiter.

Als er das sagte, klang es nicht wie ein Widerspruch, sondern wie ein eigentümlich dringlicher Rat oder Vorschlag. Die sechs waren verblüfft und schwiegen, als mit einemmal, mitten in dieses Schweigen hinein, Sanavuori ein kaum vernehmliches »Achtung!« zischelte. Irgendwie teilte seine Haltung den andern das Empfinden mit, sie müßten noch regloser werden. Und von irgend etwas, was sie selber nicht sahen und was nur Sanavuori beobachtet hatte, in diese Reglosigkeit gebannt, in der sie nichts als ihr Herz vernehmen konnten, gewahrten sie mit Entsetzen, wie das Bündel vor Jänttinens Brust schaukelte und unter der Decke her ein winziges Keuchen vernehmbar ward, das jeden Augenblick zum Weinen werden konnte. Dann … sie bewegten wie mit der Geschwindigkeit eines Sekundenzeigers den Kopf in die Runde …, dann hörten sie halblaute Stimmen und Prasseln, mit dem firniger Schnee unter Schritten zerbrach.

»Dreißig Meter, grad voraus!« flüsterte Sanavuori. Alle – oder beinahe alle – hielten in der angegebenen Richtung Ausschau; aller – oder beinahe aller – Hände spannten sich um die Maschinenpistole. Nur einer griff statt zur Waffe zum Bündel, das an seiner Brust hing, und blickte statt nach vorn auf das Kind. In der atemberaubenden Stille begann Jänttinen wie in höchster Not zu flüstern, unsinnige Kosenamen für Juhani, die alle mit der Bitte endeten, still zu sein, ganz still.

Als die dunkle Gruppe, die Sanavuori als erster bemerkt, im Gänsemarsch eine kleine Waldlichtung vor ihnen überquert hatte, aus der Sicht war und die Männer der Patrouille wieder wagten, sich zu rühren, gewahrten sie, wie Jänttinen statt der Maschinenpistole das Kind in seinen Armen hielt und langsam hin und her wiegte. Er flüsterte jetzt nicht mehr. Als er die Blicke der sechs bemerkte, ließ er das Bündel sinken und richtete sich auf. In diesem Verhalten lag etwas so Entschiedenes, zum Aufbruch Mahnendes, daß alle es ihm nachtaten und Heiskanen nicht einmal Einspruch erhob, als Jänttinen, ohne ein Wort zu verlieren, sich zum Anführer der Patrouille machte und, sich links im Schatten zwischen den Bäumen haltend, auf eben jene kleine Lichtung zustrebte, welche die dunkle Gruppe der Feinde soeben überquert hatte. Jänttinen ging tief vornüber geneigt, mit weit ausholenden, rudernden Bewegungen der Arme, jedoch nicht mehr ganz so schnell, und die hinter ihm Folgenden hatten das Gefühl, sie müßten für den Gebeugten Ausschau halten. Als sie in einer Höhe mit der Lichtung waren, blieb Jänttinen stehen. Sie wußten nicht, ob seine Bürde ihn beuge oder ob er die Spuren betrachte, die hier zu erkennen waren. Dann aber schob er seine Skier in der alten Richtung vorwärts, auf ein Gehölz zu, das dunkler als alle andern Dunkelheiten vor ihnen lag. Er trat jedoch nicht in das nur mit Lärm zu betretende Dickicht ein, sondern hielt sich am Rande, wo eine schneisenähnliche Breite hangabwärts führte. In dieser Breite drang er jedoch außerordentlich langsam, beinahe spürend vor und bog, je tiefer sie gelangten, immer weiter nach links ab, bis er mit einemmal – im selben Augenblick, da eine anfangs nur zu ahnende größere Helligkeit vor ihnen sich als freie Fläche erwies – wie angewurzelt stehenblieb. Und kaum hatte das Schleifen der Schneeschuhe und das Knistern, mit dem die Stöcke in den Schnee eintauchten und sich aus ihm hoben, aufgehört, da vernahmen alle von rechts her, wo das umgangene Dickicht an die offene Gemarkung grenzen mochte, ganz deutlich Stimmen. Sie priesen Jänttinens unerklärlichen Trieb, der sie nach links gedrängt hatte, sonst wären sie in das feindliche Nest hineingelaufen. Wie weit aber reichte das Schußfeld des Maschinengewehrpostens, der sich dort rechter Hand eingegraben hatte? Konnten sie's wagen, ihn zu umgehen und dann über das offene Feld zu schleichen? Oder sollten sie diesen Posten mit ein paar Handgranaten ausräuchern? Daß sie sich unbemerkt anschleichen und die ganze Besatzung gefangennehmen könnten, wollte keiner glauben. Und beim geringsten

Mißgeschick würde dann die ganze Nachbarschaft alarmiert.
Nicht Heiskanen war es, der die Entscheidung traf. Abermals nahm Jänttinen sie ihm ab. Ohne ein Wort zu sagen, brach der Korporal auf und strebte durch den Wald von neuem hangaufwärts, dorthin, von wo sie gekommen waren. Bei der Lichtung angelangt, verweilte er ein paar Augenblicke, glitt dann rasch über die Schneisenbreite und umging das Dickicht, eng an dessen Dunkel geschmiegt, ohne zu bedenken, daß gegen seine Finsternis die Schneehemden der Patrouille doppelt abstechen mußten. Als sie in einem lichteren Walde wieder abwärtsglitten, überließ er Heiskanen dadurch die Führung, daß er sich nach einer Horchpause sehr langsam vorwärtsschob. Als sie am Waldrand vor dem offenen Feld angelangt waren, schloß er als einer der letzten auf. Das Bündel mit dem Kind in den Armen, betrachtete er die Aussicht, die ihm hier günstiger schien als bei der ersten Stelle, denn die Talsenke mit einem schmalen Bach enthielt hier reichlich lockeres Gebüsch, das ihnen bei der Überquerung gute Deckung bieten konnte. »Die Rakete!« murmelte er, bevor noch einer von den andern ein Wort gesagt hatte.

Heiskanen schwieg. Nach einer Weile sagte er, man könne auf den Morgennebel warten. Bis dahin könne es nicht mehr lange dauern. Jänttinen machte ihm, ohne daß er zu erklären vermocht hätte, wodurch, den Eindruck einer ängstlich um ihr Kind besorgten Mutter. Die Klugheit, die er eben bei der Führung bewiesen, hatte für ihn nichts Soldatisches an sich gehabt.
Die Rakete müsse man jetzt schießen, beharrte Jänttinen, und zwar aus dem Dickicht dort ... Der Leutnant schwieg ob dieser Beharrlichkeit, aber da keiner von den andern Jänttinen widersprach, ließ er von seinen Zweifeln ab. Er lud die Signalpistole in ihrem Beisein mit der verabredeten Rakete und entfernte sich. Sie hörten, wie er in das Dickicht eindrang, dann aber mochte er eine Gasse gefunden haben, die ihn völlig lautlos aufnahm, denn sie vernahmen nichts mehr. Alle setzten sich in den Schnee, ein jeder mit einem Stamm neben sich, und als nach einem kaum vernehmbaren Puffen der Stern am grauenden Himmel erschien, betrachteten sie ihn mit geblendeten Augen, so lange waren sie das Dunkel gewohnt, und sahen ihn wie die schönste Hoffnung über der heimatlichen Talseite versprühen. Der letzte Funken aber war noch nicht

erloschen, als zu ihrer Linken das Maschinengewehr zu hämmern begann und einen Fächer von Leuchtspurgeschossen über der Talbreite aufschlug. Von der andern Seite blieb das Feuer zu ihrer Erleichterung unbeantwortet.

Bei den ersten Schüssen waren sie aufgestanden, gerade als ob sie Heiskanen, der aus dem Dickicht auf sie zuglitt, stehend hätten erwarten wollen, in Wirklichkeit aber, weil sie festzustellen trachteten, wo sich das Maschinengewehrnest zur Linken befand und ob zur Rechten ein zweites, das sie noch nicht bemerkt hatten, einfallen würde. Doch in dem bei der frostklaren Nacht äußerst gellen Knall der Abschüsse erwachte das Kind, und Heiskanen empfing zu seinem Unmut das Wimmern an Jänttinens Brust. Solange die Schießerei währte, mochte Juhani das Weinen noch hingehen; was aber taten sie mit ihm, wenn es wieder still wurde? Diesen Augenblick schien Jänttinen selber zu fürchten, denn er entfernte sich eilig von der Gruppe nach rechts hin, wie um aus der Hörweite der Maschinengewehrbedienung zu kommen. Daß er dabei anderen feindlichen Wachen entgegenging, schien ihm nicht in den Sinn zu kommen. Heiskanen zischte ihm nach, er solle zurückkommen und den

Balg zur Ruhe bringen. Jänttinen blieb in der Tat stehen. Es war schon so hell, daß man unterscheiden konnte, wie sein hinabgebeugter Kopf mit dem Bündel an seiner Brust verschmolz. Im selben Augenblick verstummte das Maschinengewehr zu ihrer Linken, der Posten schien das Nutzlose eingesehen zu haben, und da nun wieder völlige Stille eintrat, hörten die sechs Jänttinens Gemurmel.
»Der Nebel ist schon da«, meinte Heiskanen, den Blick auf die Talsohle geheftet, in der man tatsächlich ein dünnes, graues Gespinst zu unterscheiden begann.
Sanavuori schlug vor, das Feld nicht im rechten Winkel, sondern nach zwei-, dreihundert Metern weiter rechts in einem spitzen Winkel zu überqueren. Jänttinen solle der zweite sein, ihm sollten die anderen weit auseinandergezogen folgen. Auf jeden Fall müsse man es sogleich wagen; der dünne Nebel gebe weniger Schutz als die Dunkelheit.
Auf diese Bemerkung schien Jänttinen in seiner Ungeduld gewartet zu haben, denn kaum hatte Sanavuori ausgeredet, da setzte er sich in Marsch. Er schob sich aber so langsam vorwärts, daß Heiskanen und Sanavuori sogleich neben ihm aufschließen konnten und, als die Enge der Zwischen-

räume zwischen dem Gezweig ein Nebeneinander unmöglich machte, sich an die Spitze setzten. So ging es stumm vorwärts, bis sie etwa dreihundert Meter zurückgelegt hatten, ohne auf Widerstand zu stoßen. Als Heiskanen, der die Spitze hielt, stehenblieb, schob Sanavuori sich an ihm vorbei, überflog ein paar Sekunden lang sichernd die freie Gemarkung und schoß dann, die Stöcke weit vorgesetzt, tief gebeugt in die offene Fläche hinaus, auf der das nächste, tief im Schnee verwehte Gebüsch etwa sechzig Meter entfernt den Lauf des Baches kennzeichnete. Die Zurückgebliebenen sahen, daß er offensichtlich einer Stelle zustrebte, wo das Buschwerk eine filigrandünne, zinngraue Gardine bildete. In seiner Spur folgte einen Augenblick später Jänttinen, und das Keuchen, mit dem er sich abgestoßen hatte, hing noch allen im Ohr, als seine geduckte Gestalt schon in die Talsohle stob.

Im selben Augenblick aber durchzuckte den Leutnant der Gedanke, daß er viel zu unaufmerksam auf Sanavuoris Vorschlag, Jänttinen solle das Feld als zweiter überqueren, eingegangen sei, denn wenn die Maschinengewehrbedienung vielleicht auch Sanavuori zu spät entdeckte, konnte sie Jänttinen um so sicherer unter Feuer nehmen. Außerdem war nach der Rakete und dem Sperrfeuer hinterher vielleicht irgendwo weiter rechts noch ein leichtes Maschinengewehr in Stellung gebracht worden.

Mit hämmerndem Herzschlag blickte er Jänttinens kaum erkennbarer Gestalt nach und bangte um jede ruhige Sekunde. Zugleich kochte in ihm ein Grimm ob Jänttinens aberwitzigem Einfall, dieses Kind mitzunehmen – ein Einfall, der jetzt die Patrouille vielleicht schwere Verluste kosten würde, denn ohne den wimmernden Balg hätten sie den Frontübertritt mit aller Ruhe und Sorgfalt vorbereiten können.

»Ist er durch? Ist er durch?« fragte er – ohne es zu wissen – die letzten vier, die bei ihm standen.

Er hörte nicht, was sie als Antwort flüsterten.

»Die nächsten! Los!« kommandierte Heiskanen. »Schnell!«

Er sah nicht einmal, wer es war, der aus der Gruppe vorschnellte und in den Spuren der Vorausgegangenen mit weit ausgreifenden Stöcken davonlief. Im Halbdunkel versuchte er zu erkennen, ob Jänttinen angelangt sei.

»Die scheinen zu schlafen!« flüsterte jemand, »wir können alle miteinander weg.«

»Der nächste!« flüsterte Heiskanen. Er sah nichts mehr. Seine Augen hatten sich an der Dunkelheit und dem bleichen Schneewiderschein blind gestarrt. Ein neuer Mann brach auf, dann noch einer, die Zwischenräume wurden immer geringer. Auf einmal stand er allein da. Es war immer noch still. So still und so kalt, daß er, als jetzt die Spannung überstanden schien, zu frösteln begann. Er blickte sich um. Mit einemmal schien ihm dieser Ort, an dem sie eben noch zu sieben gestanden hatten, gefährlich zu sein, das freie Feld eine Zuflucht. Er versuchte auszumachen, wo die anderen waren, sah aber nur die mittlerweile tief ausgefahrenen Spuren, die sich in einem Nichts verloren, einem Nichts, das bei den eigenen Linien lag – und mit einem Gefühl unsäglicher Erleichterung glitt er die ersten Meter auf das Feld hinaus. Kaum aber war er da in einer, wie ihm jetzt dünkte, beängstigend großen, nackten Helligkeit angelangt, da schlug ihn der Bann einer seltsamen Verhexung. Er war überzeugt, ebenso schnell wie die Vorausgefahrenen zu laufen, genau so schnell, wie er sonst lief, wenn er alle Kräfte einsetzte, und doch hatte er in einer qualvollen Gespaltenheit das Gefühl, er könne sich selber zusehen, wie er hier gleich einem Schwimmschüler an der Luftangel Arme und Beine bewegte und dennoch keinen Meter vorwärtskam. Keinen Meter, durch irgendeine Zauberei festgebannt, und mit wild rudernden Armen und auf dem Fleck vorwärts und rückwärts schiebenden Schneeschuhen eine Zielscheibe für die, die ja doch einmal aufwachen mußten, wenn nicht bei sechs Malen dann beim siebenten Mal. Der kalte Schweiß brach ihm aus. Er sah nichts mehr. Die große Helligkeit hatte ihn geblendet. Und seine uferlose Angst – er war davon überzeugt, bevor die erste Garbe von hinten her durch die Dämmerung fegte –, seine Todesangst machte die andern da hinter ihrem Maschinengewehr lebendig!

Er ließ sich in die Spur fallen, als das Maschinengewehr hinter ihm zu mähen begann, und lag einen Augenblick regungslos – nur mit dem einen Trieb, unbeweglich zu sein. Als irgendwo vor ihm im verschleierten Dunst helle Flämmchen aufsprühten und das Feuer des Maschinengewehrs aus einem halben Dutzend Maschinenpistolen erwidert wurde, begann er weiterzukriechen. Dann hockte er sich hin und stieß sich mit den Stöcken weiter. Er tat das alles, ohne zu denken – nur mit einem Gefühl der Erleichterung, daß die andern für ihn den Bann gelöst und das Feuer von ihm abgelenkt hätten. Daß er jenseits des offenen Feldes war, merkte er erst, als er in ein Gestrüpp hineinglitt. Im nächsten Augenblick – er lag da völlig reglos und versuchte, herauszufinden, wo er sei – hörte er in der Nähe ein Kind weinen. Da ergriff ihn von neuem ein seltsames Bangen. Die Einschläge lagen jetzt so viel näher als vorher. Die Maschinengewehrbedienung hatte ihn wohl aus der Sicht verloren und schoß sich jetzt auf dieses Gebüsch ein. Um Gottes willen! dachte er, wenn dem Kind etwas zustieß!

»Aufhören! Aufhören!« schrie er, so laut er konnte, wenn nur noch der Nachhall einer Geschoßserie ihm in den Ohren schwang. Dann leckte seine Zunge, ohne daß er's wußte, Schnee in die Brandglut, von der er ausgedörrt wurde, um gleich danach wieder das eine flehentliche Wort zu formen: »Aufhören!«

Als das Feuer auf beiden Seiten schwieg, lag er noch eine Weile reglos. Dann preßte er sich durch das lockere Gebüsch weiter. Die Zweige strichen ihm pfeifend um den Kopf. Schwäche überwältigte ihn. Er glaubte einen Augenblick, verwundet zu sein und das nicht anders als in einer uferlosen Kraftlosigkeit zu spüren, in einem unbezähmbaren Bedürfnis, einzuschlafen, hier, mitten in der Nacht, im Schnee. Daß er zu den sechs Vorangegangenen hinfand, war nicht allen sein Verdienst. Er begegnete etlichen von ihnen, als sie ihn suchten und er sich, tief hingekauert, immer weiter vorwärtsstieß. Aus der Talsohle stemmte er sich in der Schere hangaufwärts.

Sie müßten sich beeilen, war das erste, was er hörte, das Morgengrauen werde sonst zu hell. Heiskanen sah wie ein Erwachender um sich. Er gewahrte Jänttinen, der eine Weile halb aufgerichtet dahockte, etwas kaute und dann den struppigen Kopf tief über das Bündel beugte. Heiskanen fiel auf, daß sein Tarnhemd über dem Rücken klaffte, wie mit einer glühenden Schere geschützt und versengt.

Jänttinen habe einen Streifschuß abbekommen, der ihm nur das Tarnhemd geschlitzt habe, erklärten die andern.

In einer lockeren Gruppe hockten sie jetzt zu sieben versammelt. Keiner sagte ein Wort. Als Jänttinen sein Bündel so geordnet hatte, daß kein Spalt mehr klaffte, und die Schlaufe tiefer in den

Nacken drückte, richteten die ersten sich auf, Heiskanen hatte sich wieder gefaßt.
Es blieb ruhig. Gegen die Sicht von hinten her, durch die Gardine des Buschwerks geschützt, erreichte die Patrouille nach weniger als dreihundert Metern die vorgeschobenen Posten der eigenen Linien und schleuste sich in die finnische Front ein. Und erst bei den scherzhaften Bemerkungen unbekannter Kameraden, sie hätten sich wohl das vertraute heimatliche Weihnachtsstroh und den Festschinken nicht entgehen lassen wollen und deshalb den Übertritt selbst an dieser mißlichen Stelle lieber heute gewagt, als noch einen Tag länger zu warten, kam ihnen wieder die Nähe des hohen Festes zu Bewußtsein, und sie wurden inne, daß Weihnachten war.
Auf diese Bemerkungen indessen gab der Leutnant eine Antwort, die in ihrer kindlichen Einfachheit, und so unerwartet sie kam, lange Zeit unvergessen blieb. Nein, erklärte er in seiner etwas nüchternen, phantasielosen Art, sie seien nicht deshalb gekommen, sondern »wegen dem Kind da«, und dabei zeigte er auf den riesigen Korporal.

Ohne daß die sieben untereinander ein Wort darüber gewechselt hätten, ganz wie nach einer heimlichen Übereinkunft, trennten sie sich nicht von dem Kinde. Als sie beim ersten Bataillonsstab ihre Verpflegung empfingen und in einem halbdunkeln Pappzelt um den dampfenden Kessel saßen, kam es ihnen schon sonderbar vor, daß die Kameraden so viel Aufhebens davon machten, als Jänttinen nach beendeter Mahlzeit das Bündel öffnete und Juhani bedächtig einen Brei aus geweichtem Brot, Milch und Kaffee zum Munde führte – stark gesüßt, wie er selber den Kaffee gern trank. Sie wußten nicht, daß sie auf ihre Gastgeber den Eindruck einer versprengten Familie machten und daß die geheimnisvolle Beziehung, in der jeder von ihnen, tätig bemüht oder auch nur müßig anschauend, zu dem Kinde stand, ihnen allen sieben als etwas Unerklärliches anhing, als ein Hauch des Wunderbaren, des Friedens und der Wehmut. Juhani aber – noch nie in seinem kurzen Leben hatte er so viele Taschenuhren gesehen, von den vor ihm hockenden Soldaten zum Greifen nah schaukelnd vor seinem staunenden Blick bewegt, blitzende, bunkernde oder stählern-stumpfe Uhren, von denen alle seine Anbeter nichts lieber wollten, als daß er nach ihnen greife. Jänttinen saß während dieser Spiele stumm in würdigem Stolz da und stellte ihnen seinen Juhani dar, wie ein leiblicher Vater es nicht inniger vermocht hätte. Auf die Fragen, was sie denn nun mit dem Kinde anfangen, ob sie's gar zum Soldatenbuben erziehen wollten, wie es deren in den Feldzügen Fähnrich Stahls genug gegeben hatte, schwiegen sie oder gaben ausweichende Antworten, sie wüßten's noch nicht. Der Aufenthalt hier war überdies so kurz, daß man keine Zeit fand, die Frage näher zu erörtern oder eine von den Lottas aus den rückwärtigen Stützpunkten zur Pflegemutter für das Kind zu bestellen. Mit einem Lastwagen, der ins rückwärtige Frontgebiet fahren sollte, hatten die sieben eine Gelegenheit, bis dicht zum Brigadestab ihres eigenen Verbandes und dem Ausgangspunkt ihrer Patrouille zu gelangen. Sie blieben in diesem Abschnitt aber eine sonderbar anheimelnde Erinnerung, die für alle Zeit mit dem Weihnachtstag und seinem wunderbaren Kinde zusammenhing.

Wie die auf sieben vermehrten Heiligen Drei Könige wurden sie dann, als Jänttinen das Kind enthüllt hatte, bei den Ihren empfangen, und obschon sie, die an dieser Patrouille teilgenommen hatten, aus zwei oder drei verschiedenen Kompanien ausgewählt worden waren, verbrachten sie den Rest des Tages und den Heiligen Abend nicht in der alten Gemeinschaft ihrer verschiedenen Kompanien und Züge, sondern in der neuen Gemeinschaft der Patrouille, die – unausgesprochen – die Gemeinschaft um das Kind war. Juhani schlief in einer Plane in einem geheizten Zelt, und Jänttinen, der über seinen Frieden wachte, bevor er selber einschlief, gab dieser frei im Raum schwebenden Wiege von Zeit zu Zeit einen Stoß, der sie ins Schwingen brachte.

Heiskanen war schon längst aus dem Stab zurück, wo er Meldung erstattet hatte; den Teilnehmern an der Patrouille waren zwei Ruhetage zugesprochen worden, sie hatten eine Weile geschlafen, waren in der Badstube gewesen, wo Jänttinen, als sie unter sich waren, auch das Kind der ersten großen Reinigung unterzogen hatte – es dunkelte allmählich in den lautlosen Wäldern, und der Heilige Abend brach an. Jeder der sieben ging zu seiner Truppe, empfing dort Post und Essen; alle nahmen, in den drei Kompanien vereint, an dem Appell und dem Feldgottesdienst teil, der um der Kälte willen nur Minuten währte, und alle strebten dann zu dem

Zelt zurück, in dem der kleine Juhani alleingeblieben war. Die Müdigkeit aus fünf Tagen hing ihnen nach, der Abend machte einen jeden nachdenklicher als sonst, sie lasen ihre Briefe und tauschten ein paar Leckereien, die ihnen die Post vom selber darbenden Zuhaus gebracht hatte: es herrschte eine Stimmung wie bei allen Weihnachten an der Front, doch konnte es wie eine wohltätige Befreiung von den eigenen Gedanken und Kümmernissen scheinen, daß alles, was sie an diesem Abend miteinander sprachen, der Zukunft des Kindes galt. Sie kamen auf den Rat Heiskanens überein, daß man es durch das nächstgelegene Lotta-Kommando oder einen Trupp jener Frauen, welche die Soldatenheime im rückwärtigen Frontgebiet betreuten, in ein Heim für elternlose Kinder oder ein Lager der Zivilbevölkerung, die man in diesen Gebieten noch angetroffen und dann in großen Lagern versammelt hatte, schicken müsse. Jänttinen nahm an den Beratungen, was das beste sei, kaum teil. Doch als man so weit gekommen war, daß man es den Lottas überlassen wollte, das Rechte zu wählen, sie von hier aus könnten das kaum entscheiden, gab er mit der eigensinnigen Beharrlichkeit, die man an ihm kannte, zu erkennen, daß er das Kind keinesfalls einfach ins Ungewisse zu geben gewillt sei, er wolle genauen Bescheid, wie man mit ihm verfahre, wohin es komme und wer für sein Fortkommen sorgen würde.

Daraus entstand bei allen der Plan, so etwas wie eine Patenschaft an Juhani zu übernehmen, ihn wirklich nach Christenbrauch Juhani taufen zu lassen und für seinen Unterhalt etwas auszuwerfen. Damit war auch Jänttinen zufriedengestellt. Sie machten sich, alle sieben, schon am folgenden Tag, der für sie ja ein Urlaubstag war, in die Etappe auf, um Juhani den Lottas zu übergeben. Und waren die Lottas der Feldküche höchlichst überrascht von

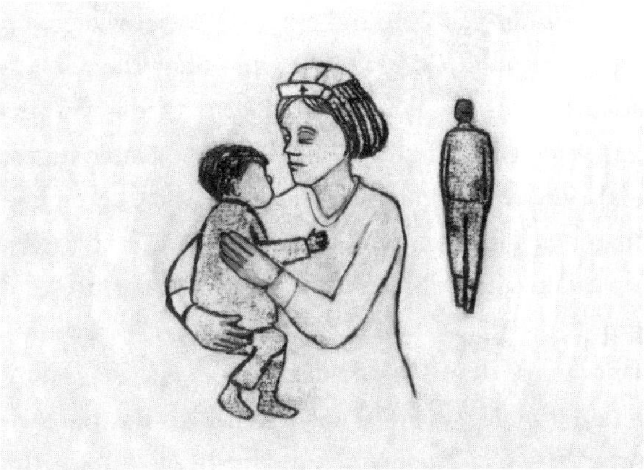

dem Ansinnen der sieben und verwiesen sie an eine andere Gruppe, die im nahen Stab vornehmlich beim Telephon beschäftigt war, so bedurfte es auch dort noch vieler Gespräche zu noch weiter im Hinterland stationierten Einheiten, Feldlazaretten und Amtsstellen der mit der Fürsorge für die Zivilbevölkerung betrauten Ämter – Gespräche, die an diesem Feiertag nur schwer Teilnehmer fanden –, bis Jänttinen, der schon geschworen hatte, er nehme das Kind einfach wieder mit, soweit zufriedengestellt war von den Auskünften und Versprechungen, daß er das Bündel einer älteren Lotta überließ, die ihm, wie um ihn zu trösten, anvertraute, Juhani sei bei ihr in gewohnten Händen, sie habe selbst drei Kinder geboren und erzogen, soviel wie er verstehe sie auch. Und doch stand Jänttinen in erschütternder Zaghaftigkeit da, als er das Bündel aus seinen Händen ließ. Er ließ die Arme hängen, als seien sie fortan zu nichts mehr nütze, betrachtete schweigend seinen Juhani in den Armen der Fremden, drehte sich dann auf dem Fleck um und ging.

Er wartete draußen vor dem Haus, als die andern nachkamen. Als Heiskanen ihm Namen und Anschriften von Personen und die Bezeichnung des

Heims vorlas, in das Juhani vermutlich gebracht werden würde [er hatte sich alles in sein Taschenbuch geschrieben], sagte er kein Wort. Auf dem ganzen Heimweg trottete er finster schweigend vor ihnen her, und nur einmal, als ein feindlicher Jäger gar zu niedrig über der Straße patrouillierte und sie in Deckung unter den Bäumen gehen mußten, blieb er in ihrer Gesellschaft.

Sie sahen ihm diese störrische Unkameradschaftlichkeit nach, milder gestimmt gegen ihn als alle andern der Leutnant, und nicht nur weil der glückliche Ausgang des Abenteuers mit dem Kinde seine Abneigung gegen diesen, wie er damals gemeint hatte, wahnwitzigen Ballast beschämte, sondern weil er wußte, daß seit den späten Abendstunden des vergangenen Tages im Bataillonsstab ein Telegramm lag, das Jänttinen mit sofortigem Urlaub für zwei Wochen in die Heimat rief. Der Bataillonsadjutant hatte nicht einmal ihm, Heiskanen, sagen wollen, um was es sich bei diesem Abruf handelte. Es müsse sich da, hatte er ausweichend erklärt, wohl um Familienangelegenheiten handeln, die im Zusammenhang mit Luftangriffen gegen Städte und Dörfer in der Heimat ständen. Man dürfe nicht vergessen, daß das Leben nicht nur in der vordersten Linie gefährlich sei. Das Telegramm sei gekommen, während Jänttinen auf Patrouille gewesen war, den Heiligen Abend aber habe man ihm gestern nach der Rückkehr nicht zerstören wollen und deshalb beschlossen, bis heute zu warten. Auch seien, wie ihm, Heiskanen, wohl aufgefallen sei, am Heiligen Abend keine Zeitungen ausgeteilt worden. Das habe man bis auf morgen verschoben. Die Briefpost sei von älterem Datum als die Zeitungen, die nur ein paar Tage brauchten, um nach vorn zu gelangen. Mit der frischen Erinnerung an dieses Gespräch betrachtete Heiskanen den schweigsamen Jänttinen und schlug immer neue Abstecher von dem Weg ins Frontquartier vor, um den Augenblick, da Jänttinen zum Kompaniestab gerufen wurde, hinauszuschieben. Insgeheim fragte er sich, ob nicht auch schon für ihn solch ein Telegramm angekommen sei, und erst als ihm dieser Gedanke aufgetaucht war und keine Ruhe mehr gab, beharrlich weiterbohrte und ihm einen Schrecken einflößte, so heiß, als habe er das Telegramm schon gelesen – da schlug er ungesäumt den Rückweg ein, immer rascher, je näher sie dem verödeten Zeltquartier kamen. Schon in einiger Entfernung sah er das

beschriebene Blatt Papier, das jemand in ihrer Abwesenheit vorsorglich am Eingang angebracht hatte. Er wußte, was darauf stand, und eilte nicht mehr, ließ den andern wie von ungefähr den Vortritt und betrachtete Jänttinens Rücken, als der Riese davor dem Papier stand und mit lautlos mitsprechenden Lippen las: »Korporal Jänttinen sofort zum Kompaniestab kommen!«
Er ging abseits, wie um auf der anderen Seite des Zeltes etwas nachzusehen, als er gewahrte, wie Jänttinen starr dastand und sich dann zögernd, mit ein paar Schritten, die noch richtungslos waren, anschickte, dem Befehl nachzukommen. Er war im ersten Augenblick entschlossen, wegzugehen und so lange auszubleiben, bis Jänttinen aufgebrochen war. Dann aber schämte er sich, und kaum hatte er bemerkt, wie Jänttinen – nun in schlecht verhehlter Eile – zum Stab ging, da kehrte er ins Zelt zurück. Denen, die drinnen waren – es waren alle fünf –, erzählte er kurz, was er gewußt habe und daß Jänttinen schwerlich aus einem freudigen Anlaß zum Kompaniestab befohlen worden sei und dort Heimaturlaub erhalte. So kam es, daß, als Jänttinens holprige, halb springende Schritte von draußen her vernehmbar wurden, das dämm-

rige Zelt mit seinen Bewohnern ihn mit betretenem Schweigen empfing.
Jänttinen selber aber schien das nicht einmal zu bemerken. Die Nachricht, die er empfangen, hatte ihn dermaßen verstört gemacht, daß er seiner Umgebung keinerlei Beachtung schenkte. Er sagte in abgerissenen Sätzen, daß er gleich aufbrechen und nach Hause fahren müsse, und schien gar nicht zu vermissen, daß sich bei dieser Nachricht nicht die freudige Aufregung einstellte, die sonst jeden Urlauber umgab und eine Sturzflut von Anliegen an ihn, was alles er mitbesorgen könne, im Gefolge hatte. Er kramte ein paar Sachen zusammen und stürzte mit einem zerstreuten Gruß in sein altes, richtiges Quartier, wo er seine übrigen Habseligkeiten verwahrte. Der Abschied war dermaßen ungewöhnlich, daß sie alle aufstanden, vors Zelt hinausgingen und ihm wortlos nachblickten, aber da war er schon zwischen den Bäumen verschwunden.
Er kehrte auch gar nicht noch einmal in ihr Zelt zurück. Als sie später bei seiner Kompanie nach ihm forschten, hörten sie, daß er Urlaubsschein und Marschbefehl gleich beim Kompaniestab mitbekommen habe, nicht bis zum Abend auf eine

Fahrgelegenheit habe warten wollen, sondern ungesäumt aufgebrochen sei. Er habe kaum etwas gesprochen. Mit aufgerissenen Augen, die Stirn von Schweißtropfen besät, habe er seinen Rucksack gepackt und sei beinahe grußlos auf Schneeschuhen losgefahren.

Diese Auskünfte verschlugen ihnen das Gespräch. Der ruhige Nachmittag dieses ersten Feiertages kroch in qualvoller Lautlosigkeit dahin. Sie schliefen viel. Am Abend, mit dem Postempfang, kamen zum erstenmal Zeitungen – Zeitungen, die auch Jänttinen überall, wo er jetzt auch sein mochte, in die Hände geraten konnten und in denen seine ganze Familie in der amtlichen Bekanntgabe über die Opfer unter der Zivilbevölkerung, die ein feindlicher Angriff gegen die kleine Stadt L. gekostet habe, aufgeführt stand. Ein Volltreffer hatte das Vorstadthäuschen zerstört. Alles übrige erfuhren sie erst später.

Sie befanden sich da schon längst nicht mehr in den Stellungen, in denen sie Weilmachten gefeiert hatten, denn noch am St.-Stephans-Tag war der unterbrochene Vormarsch wieder aufgenommen und unter Beachtung der Meldungen, welche die Fernpatrouille heimgebracht, mit flankierender

Umgehung der Hindernisse, welche den finnischen Vormarsch auf der Straße zu verzögern beabsichtigten, bis über das Dorf Kangasjärvi hinaus vorgetragen worden. Die wenigen Häuser dieses Dorfes, die stehengeblieben waren und die zu entminen eine Arbeit gekostet hatte, bei der es nicht ohne Opfer abgegangen war, beherbergten jetzt einen Bataillonsstab und ein Feldlazarett. Zu diesen wenigen Häusern gehörte auch das, in dem Jänttinen, Sanavuori und Suukselainen das Kind entdeckt hatten. Von den sieben war gerade Suukselainen dicht hinter Kangasjärvi verwundet worden und hatte als Verwundeter die Bekanntschaft mit dem Hause flüchtig erneuert, bevor er in ein Etappenlazarett verbracht worden war. Doch auch dieses Etappenlazarett lag in einer Gegend, zu der die sieben von früher her eine, wenn auch äußerlich lockere, Verbindung unterhielten, denn in seiner Nachbarschaft lag mit einem Lager für die einheimische Bevölkerung, die durch Kriegshandlungen obdachlos geworden war, jenes Heim, in dem man elternlose Kinder jeglichen Alters untergebracht hatte, und in dieses Heim hatte man auch Juhani aus Kangasjärvi gebracht.

In den Tagen seiner Genesung verschaffte Suukse-

lainen sich dort Zutritt und feierte Wiedersehen mit dem Kinde. Er hörte dort aber auch von den Pflegerinnen, daß inzwischen einer seiner Kameraden dagewesen sei, Juhani Kangasjärvi [so wurde das Kind nun in amtlichen Listen geführt] besucht und darauf bestanden habe, ihn an Sohnes Statt anzunehmen, und aus zwei Briefen, die er von den an der Front verbliebenen Kameraden erhielt, und aus den Erzählungen der Pflegerinnen konnte er sich ein Bild machen, was alles sich zugetragen hatte seit jenem von tödlichem Schweigen geschlagenen Tage, an dem ihr Kamerad Jänttinen sie verlassen hatte.

Jänttinen erfuhr von dem Unglück, das sein Haus geschlagen hatte, schon aus den ersten, rasch zerlesenen, fettfleckigen Zeitungen, die ihm während eines Wartehaltes in Frontnähe in einer Soldatenkantine in die Hände gerieten. Er saß zwischen andern an dem mit Lachen von verschüttetem Kaffee befleckten Tisch; Lautsprechermusik und Stimmengewirr hüllten ihn ein. Er hielt lesend den Kopf in beide Hände gestützt und saß auch, nachdem er die Zeitung drei-, viermal nacheinander gelesen hatte, genauso da. Eine kleine Zeit – wie lange, wußte er nicht – stahl sich aus seinem Leben fort, er wußte nicht, wohin. Sie war nicht mehr da, als er gleichsam erwachte, war verronnen, ohne daß er's gewußt oder gemerkt. Der große Barakkenraum brauste wie eine Turbinenhalle in seinen Ohren. Als er aufstand, schwankte er, und etliche von seinen Nachbarn flüsterten schon etwas davon, daß der da die alkoholfreie Frontzone wohl etwas verschmälert habe; doch als sie gewahrten, wie der Schwankende die Zeitung, die er gelesen, mit tränenüberströmtem Gesicht zusammenfaltete und in die Tasche steckte, schwiegen sie still. Der ganze Tisch war vor Entsetzen verstummt, als Jänttinen mit atemberaubender Langsamkeit seine Sachen

zusammenpackte und grußlos nach draußen ins Dunkle verschwand.
Er fuhr diese Nacht und den folgenden Tag, erst mit den ins rückwärtige Gebiet fahrenden Transportkolonnen, vom frühen Morgen an mit der Eisenbahn. Er hatte großes Glück, was die Verbindungen betraf, aber kein Glück freute ihn, denn er hatte, abermals und immer wieder die allmählich zerschlissene, in jeder Falte schon leere Zeitung le-

send, sich ausgerechnet, daß er für alles zu spät kommen würde.
Was ihm verblieb, als er schließlich spät in der zweiten Nacht das Städtchen L. erreichte, war nicht viel, doch das Wenige tat er mit schlaflosen, bren-

nenden Augen gleich. Er stand eine Weile in der verdunkelten Straße vor den Resten seines Hauses und hörte die ewig mißtrauischen, zänkischen Vorstadthunde heulen. Dann legte er sein Gepäck hinter eine Schutthalde, dorthin, wo früher einmal die Treppe in den Keller seines Hauses geführt hatte, und ging zum Friedhof. Es war auch hier in der Heimat viel Schnee gefallen, und die Kälte unter frostklarem Himmel ließ seine Schritte knirschen. Die Verdunkelung aber, so streng sie eingehalten wurde, ersparte ihm jedes Wiedersehen.

Draußen vor der Stadt, auf dem Friedhof, ging er den Weg entlang, den die meisten Schritte ausgetreten hatten und der von der Pforte her noch mit gehacktem Tannenreisig ausgestreut lag, das ihn im Zwielicht zwischen Himmel und Erde wie einen wasserlosen, stummen Bach zwischen die verschneiten Hügel zeichnete. Kein Windhauch war zu spüren, doch als er die lange Reihe der frischen, einheitlich mit kleinen, weißen Kreuzen gekennzeichneten Gräber abschritt, in denen die Opfer des Angriffs als ruhmlose Soldaten des größeren Heeres in der Heimat bestattet worden waren, hörte er zwischen seinen Schritten die vom Frost verbrannten Kränze aus einst lebendigen Blumen und

das wachsierte Papierwerk der künstlichen Sträuße, von denen selbst jetzt ein matter Widerschein blinkte, spröde knistern, als sprängen da zu dieser finsteren Stunde Kapseln auf, die ihren Samen verstreuen wollten.
Er zündete seine Taschenlampe an, als er's gar nicht mehr zu tun brauchte, schon wußte: hier! ... aber bevor er sich in den Schnee niederfallen ließ, so, wie er manchen Kameraden an der Front von einem Schuß ins Herz getroffen hatte zusammenbrechen sehen, las er die Namen deutlich im Schein der Lampe und doch wieder so verschwommen, als stünden sie hinter einer unaufhörlich niederströmenden, in der Gleichförmigkeit wie erstarrten Breite fallenden Wassers ...

Weniger als drei Tage später war Jänttinen abermals auf dem Weg an die Front. Finster, schweigsam, auf keine Anrede achtend, saß er in einem der schier endlosen, verdunkelten Züge, die allabendlich die Fracht lärmender Soldaten weiter und weiter nach Osten führten. Er sprach mit niemandem, niemand sprach mit ihm, nachdem er jeden Versuch, ihn zum Reden zu bringen, mit Schweigen abgewehrt hatte. Der Militärpolizei, der er auf Verlangen seine Papiere hinstreckte, blickte er so finster ins Gesicht, daß selbst der athletische Hüne, der – die Papiere musternd – vor ihm stand und die dem Urlaubsschein nach eben erst angetretenen zwei Wochen Urlaub in keinen vernünftigen Zusammenhang mit dem Datum dieses Tages zu bringen vermochte, davon abstand, ihn zu fragen, warum er schon unterwegs sei, und ihm den Schein stumm zurückgab.

Als Jänttinen zwei Nächte und einen Tag unterwegs war, kam er in die Gegend, in welcher die Namen ihm jetzt mehr sagten als zuvor, eine Gegend, in der er sich mit einemmal wie zu Hause fühlte. Bisweilen verschwand hier schon das Kreuz mit den drei Namen, das er sonst überall, wo nur Schnee lag, vor sich sah. Und als er einmal in der Etappe einen Friedhof sah – keinen Soldatenfriedhof, sondern einen für die Menschen, die einmal hier gewohnt hatten –, schloß er sogleich die Augen und war froh, daß das Lastauto, mit dem er unterwegs war, schnell fuhr. Im übrigen aber ließ er sich Zeit, oder die Zeit ließ ihn in Frieden; ihn drängte kein naher Tag, an dem er sich zurückmelden mußte. Schweigsam und allezeit abseits half er die Soldatenheime bevölkern, deren ihn jeden Tag ein anderes aufnahm. Irgendwann einmal sang und schrie man laut und hieß ein neues Jahr willkommen, aber er sang nicht mit. Bisweilen hatte er das Gefühl, er wisse nicht mehr, woher er komme und wohin er wolle. Seine Kompanie war ihm wegmarschiert. Er konnte sich nicht vorstellen, wie er sie in den großen Wäldern jemals wiederfinden sollte. Aber ohne daß er es merkte oder besonders viel dazu tat, sog ihn doch jede Stunde, die er marschierend oder unter der Plane eines Lastwagens verbracht, tiefer und tiefer in jene Einöden hinein, in denen die weit vorgeschobene Front jetzt verlief, und immer noch hatte er acht Tage Urlaub.

Als in irgendeiner Kantine unterwegs, in der er sich ein Geschirr voll Erbsensuppe holte, eine ältere Lotta ihn wiedererkennend anblickte und ihn nach seinem Sohn fragte, war es zunächst finsteres Schweigen, zu dem er seine Zuflucht nahm, wie gegenüber allen Lebendigen, die ihn anredeten. Doch schon der nächsten Frage: Ob er denn nicht jener Korporal sei, der ihr vor kaum zwei Wochen ein Kind übergeben habe, das er auf einer Patrouille irgendwo weit hinter der Front gefunden hatte, wußte er nicht mehr das alte, finstere Schweigen entgegenzusetzen – jene Wand, die er während der vergangenen Tage zwischen sich und der Welt aufgerichtet hatte. Er guckte sie an und nickte stumm.

Ob er bei dem Kleinen gewesen sei?

Er schüttelte stumm den Kopf und wandte sich schon ab, um zu gehen, als er wieder stehenblieb und beinahe unhörbar zurückfragte, wo das Kind jetzt sei.

Das Kind? Hätten sie es nicht Juhani genannt? – Juhani, der sei jetzt in einem Heim, das nur ein paar Kilometer entfernt von hier liege. Er solle sich nur an die Lagerleitung dort wenden und fragen. Als Juhani sei er hingebracht worden, Juhani und noch etwas, sie erinnere sich nicht mehr, wie es geheißen habe …

»Kangasjärvi!« flocht er ein.

Ja, das könne wohl sein.

Sie nickte ihm zu, nahm das nächste Geschirr, das ihr zugereicht wurde, Jänttinen ging. Zögernd, zwischen jedem Löffel lange in das Geschirr bückend, als müsse er die Erbsen zählen, aß er. Dann stand er vor der Baracke, blickte ins Dunkel, als wolle er die Wege erkennen, lauschte in das ferne Rollen der Front, an der die Minenwerfer angefangen hatten zu arbeiten, und drängte sich schließlich, als habe er es sich doch anders überlegt, durch die Gruppen, die rauchend im Freien umherstanden und auf irgend etwas warteten, zu den Wagenkolonnen, die nach vorn sollten. Er stieg auf und hockte schweigend auf der Fracht, ob man ihn auch bisweilen ansprach, und merkte erst, daß sie abgefahren waren, als die Abschüsse und Einschläge eines morgendlichen Duells zwischen den beiden Fronten die mechanische Reaktion eines frontgewohnten Soldaten bei ihm auslösten. In seinem eigentümlichen Schweigen war er, ohne es zu wollen oder zu wissen, allen, die mit ihm fuhren, unheimlich geworden. Man war froh, als

er absprang, um den Stab zu suchen und seine alte Kompanie zu finden.
Doch als Jänttinen dem Dämmerdunkel unter der Zeltplan entstieg, sich seinen Rucksack und die Schneeschuhe herunterlangte und einen Augenblick wie zwischen Schlaf und Wachen regungslos dastand, bis das schwankende, dunkle Gehäuse des Lastwagens weitergerollt war, strich er sich im nächsten Augenblick übers Gesicht, als müsse er ein Gespinst entfernen. Er blickte sich um. In dem grauenden Morgenlicht, das sich wie ein nüchternes Frösteln zwischen Himmel und Erde stahl, stand er vor dem Haus, in dem sie Juhani gefunden hatten! Erst meinte Jänttinen zu träumen. Er ging die Straße mit ihren zinngrau blinkenden Fahrspuren weiter, kehrte mit einemmal um und ging zurück, über die Stelle hinaus, bei der er abgestiegen war. Dann betrachtete er das Haus, an dessen kleinem Balkenvorbau ein bleiches Fähnchen mit dem roten Kreuz hing. Und dann setzte er sich auf seinen Rucksack, das Gewehr vor der Brust. Er saß, saß da, nichts weiter. Er atmete tief. Die bei aller Kälte feuchte Luft erfrischte ihn. Mitunter betrachtete er das Haus, ließ den Blick weiterschweifen zum nächsten – viele, merkte er, fehlten.

Dann stand er auf und stapfte dem Dorfausgang zu. Erst die Scheune, wenn es sie gab, konnte ihn überzeugen – die Scheune, hinter der sie damals gesessen und in der sie geschlafen hatten. Und die Scheune stand genau dort, wo sie stehen mußte. Überdies hätte es auch dieser Scheune gar nicht bedurft, er hatte ja im Grunde genommen doch schon vorher das Dorf wiedererkannt. Von ferne, auf der Straße stehend, betrachtete er die Scheune. Dann kehrte er um und ging zum Stab.

Gegen Mittag meldete er sich zum allgemeinen Erstaunen bei seiner Kompanie zurück, die – aus der ersten Linie zurückgezogen – in Ruhestellung lag. Er empfing ein paar verlegene Händedrücke und ein scheues Gemurmel des Beileids, das er nicht zu hören schien; dagegen stand er sichtlich verwirrt da bei der Eröffnung, man habe mit seiner vorzeitigen Rückkehr gar nicht gerechnet, und es sei fraglich, ob seines Bleibens bei der Kompanie lange sei, irgendeine Versetzung zu einem Wachkommando weiter hinten sei in der Schwebe, der Bescheid jedoch noch nicht endgültig gekommen, einstweilen könne er natürlich bleiben.

Dieses nun schien ihm, kaum daß er freiwillig vor der Zeit zurückgekommen war, schwerzufallen. Er hockte den Nachmittag über in den verschiedensten Zelten – immer stumm, eine merkwürdig lähmende Stille um sich verbreitend, als sei sein Unglück so groß, daß er unter Menschen keine Heimstatt mehr haben könnte. Niemals fragte er nach alten Kameraden, ob sie noch bei der Truppe seien oder schon tot und verwundet [denn die Kompanie hatte beträchtliche Verluste gehabt] –, er schien, obschon zurückgekehrt, nicht richtig anwesend zu sein und dämpfte mit irgend etwas, was stumm in ihm vorging, auch die Gesprächigkeit der andern. So nahm es niemand wunder, daß er am Abend nicht mehr da war. Ja, im Grunde genommen war man froh, daß sein finsteres Gesicht mit den tief eingesunkenen, schlaflosen Augen nicht mehr als Schreckgespenst künftigen Unheils in die flüchtige Sorglosigkeit dieser Ruhetage starrte. Es hieß von Mann zu Mann, beiläufig erwähnt und schnell abgetan, Jänttinen habe sich um die Zeit, da mit einbrechender Nacht die Transporte der Verwundeten und der »stillen Jungen« in die Etappe abgingen, unvermutet beim Kompaniefähnrich gemeldet und gefragt, ob er noch einmal nach hinten dürfe, er habe da etwas vergessen, und natürlich sei ihm das, da er ja noch sieben Tage

Urlaub zugut hatte, bewilligt worden. Nur sei ihm aufgetragen worden, sich vor der Rückkehr zur Kompanie zu erkundigen, ob er nicht inzwischen zu einer andern Einheit kommandiert worden sei.
Mit den Verwundeten und den »stillen Jungen«, den Toten, fuhr Jänttinen also am gleichen Tage zurück. Die »stillen Jungen« enthoben ihn der Mühe, reden zu müssen. Er sprach erst wieder, als er am Vormittag des folgenden Tages bei dem Heim für elternlose Kinder Einlaß begehrte. In voller Feldausrüstung stand er eine Weile vor der Tür und unterhielt sich mit den Frauen auf der Schwelle, ob er hier am rechten Ort sei. Er wolle Juhani aus Kangasjärvi sehen. Vielleicht heiße das Kind – es sei ungefähr anderthalb Jahre alt oder so – auch schon in den Papieren so. Das sei sein Kind, sein Sohn …
Er mußte von den Schneeschuhen steigen, denn man bat ihn herein. Wortkarg antwortete er dort auf viele Fragen. Irgendwie aber schien man von allem zu wissen und verglich, was er zur Rechtfertigung seines Ansinnens anführte, mit allem dem, was in einem Buch vermerkt stand. Und mit einemmal – er hatte das noch gar nicht erwartet, er war noch völlig unvorbereitet –, mit einemmal

machte die Frauensperson, mit der er geredet hatte, eine Bewegung … Bitte, er solle mit ihr kommen! Jänttinen starrte sie fassungslos an. Dann stolperte er ihr mit tauben Füßen nach. Sie führte ihn durch den Gang in ein sehr geräumiges, beinahe saalartiges Zimmer, in dem in der einen Ecke Kinderbetten so eng nebeneinandergerückt standen, daß kaum noch Platz zwischen ihnen blieb, während in dem freien Raum beim Fenster kleine Kinder umherschwankten und spielten. Alle hatten Kittel von der gleichen Farbe, sie sahen wie kleine Uniformierte aus.

Neben der Tür blieb die Frau mit ihm stehen. Jänttinen blickte wie gebannt zu den Betten hinüber.

Nun, ob er seinen Sohn wiedererkenne, wurde er gefragt. Jänttinen wandte sich ihr widerwillig zu. Er könne von hier aus nicht in die Betten hineinsehen, sagte er.

Aber da sei doch der Juhani gar nicht! Ein Bürschchen von anderthalb Jahren liege nicht mehr im Bett. Da sehe man, daß er selbst keine Kinder habe.

Jänttinen antwortete nicht. Er ging weiter ins Zimmer hinein, auf die spielenden Kinder zu, die bei seinem Nahen innehielten und aufblickten.

Die Pflegerin sah, wie er mit schlaff herabhängenden Armen auf die Schar zuging, stehenblieb und irgend etwas sagte, was sie nicht verstand. Dann aber gewahrte sie, wie Juhani, der kleine Findling aus Kangasjärvi, mit einemmal zu dem fremden Soldaten aufblickte und wie ein kaum merklicher Widerschein des Erkennens über das kleine Gesicht ging. Im selben Augenblick hockte der Soldat nieder und blieb auf den Knien. Er streckte die Hände nach dem Kinde aus, das langsam auf ihn

zukam und sich von ihm in die Arme schließen ließ. Jänttinens Hände legten sich um den mageren Rücken und streichelten ihn. »Juhani, Jussi!«

murmelte er, und das Kind plapperte ihm etwas ins Ohr, was wohl nur er zu deuten verstand – vielleicht über das Begreifen hinaus das wehmütige und zugleich freudige Wissen, daß seit der einen Heiligen Nacht der Geburt keiner von uns Menschen mehr nur für sich leben kann, aber daß wir auch alle nicht mehr für uns allein sterben können; daß wir füreinander verloren werden und füreinander gefunden, bis wir vereinigt werden in der Einen Hand.